당신의 내면을 직면하고 진정한 꿈을 찾아라

혼자 공부해서
아나운서 되기

"……무슨 일을 하고 싶다.

엄청나고도 착한 일을 하고 싶다.

나만이 할 수 있는

일을 하고 싶다……."

박목월, 〈2월에서 3월로 건너가는 길목에서〉 中

당신의 내면을 직면하고 진정한 꿈을 찾아라

혼자 공부해서
아나운서 되기

정용실 지음

🌱 나무생각

우리 겉옷 벗고 이야기해요

아나운서 생활 23년. 그동안 방송인으로서 나만을 생각해 왔는데, 마흔을 넘기고 나니 이게 다가 아니란 생각이 들었다. 현장을 떠나기 전에 내가 가진 방송 능력을 한 명에게라도 더 전하고 싶었다.

그런 마음으로 우연히 시작한 멘토 활동. 여성가족부에서 만난 친구들에서부터 대학의 여자 후배들, 과 후배들 등 현장에서 아나운서의 꿈을 가진 사람들을 만난 지 몇 년이 흘렀다. 나는 이들에게 뭔가 도움이 되리라 생각했다. 내가 가진 재능과 방송에 대한 경험은 분명 그들에게 필요한 것들이 아닌가.

그러나 멘토 활동이 몇 년 이어져도 그들과 확실한 접점을 찾을 수 없었다. 항상 하는 일들을 정리하고 싶어 하는 나는 이 활동에 대해 갈피를 잡지 못하고 고민하다 이런 생각에 이르게 되었다.

'교육이란 사람에 따라 다 다르게 해야 하는 것인가.' 왜냐하면 실제로 어떤 친구는 말투를, 어떤 친구는 인성을, 어떤 친구는 용기를, 또 다른 친구는 다른 뭔가를 도와줘야만 했다. 만나는 멘티들의 숫자만큼이나 그들에게 필요한 것이 달랐고 내가 줄 수 있는 것도 달랐기 때문이다.

정말 멘토링을 통해 누구나에게 줄 수 있는 그 무엇은 과연 없는 것인가? 나란 사람만이 멘티들에게 줄 수 있는 그 무엇은 과연 없단 말인가?

이 책은 이런 의문에서 시작되었다.

그동안 고민하며 멘티들과 만남을 가져오던 중 최근 만난 학생들과의 대화 속에서 우연히 방송인 정용실만이 줄 수 있는 것이 분명 있다는 희망이 보이기 시작했고, 그래서 두려워하며 시간만 끌고 있었던 이 글을 감히 쓰고자 한다.

나는 칭찬받지 못하는 아나운서였다

나는 방송인으로 첫발을 내디뎠을 때 칭찬을 거의 듣지 못했다. 그만큼 기본기가 부족했다는 말이 될 것이다. 그래서였을까. 입사 초부터 지금까지 나에게는 방송이란 항상 높은 벽으로 다가온다. 늘 새로운 방송을 시작할 때마다 각오를 다진다. '자, 이제 또 넘어야 할 다른 산이다. 마음 다잡고 하루도 게으르지 않게 걸어보자.' 23년의 세월 동안 내 자신을 속이거나 준비 없이 부끄럽게 방송한 적은 한 번도 없었다. 그렇게 노력하고 최선을 다했어도 방송인으로서 화려한 스타 대열에 올라 주목을 받지는 못했다. 그래도 23년이란 긴 세월 동안 정말 운 좋게 늘 방송 현장을 떠나지 않았고, 내가 좋아하는 분야를 갖고 있는 편이다. 그리고 더더욱 행운인 것은 내가 좋아하는 분야의 방송들을 다 해봤다는 것이다. 게다가 아나운서의 길을 크게 벗어나지 않으며 방송 생활을 이어왔다. 이 얼마나 행복한 일인가.

지금 돌이켜보니 아나운서라는 직업의 문을 두드리던 그 무렵, 내가 가장 부족한 방송인이라는 사실을 직면한 그 순간이 바로 지금의 나를 만들었던 게 아닌가 싶다. 모두가 나의 가능성에 의문을 품었을 때, 나는 내 자신을 믿을 수밖에 없었다. 정말 하고 싶은 일이었고, 긴 시간 성실함과 열정으로 임한다면 언젠가는 잘한다는 소리를 듣게 될 거라고 믿었다. 다소 무모하고 말도 안 되는 일이었을지는 몰라도 20여 년이 지나고 보니 그게 꼭 불가능한 일은 아니었다. 바로 내가 부족함의 산증인이었고, 이것이야말로 아나운서 정용실이 젊은 친구들에게 줄 수 있는 가장 큰 희망이 아닐까 싶었다. 이제 그들을 만나는 마음이 좀 더 편해졌다.

자, 이제 우리 겉옷을 벗고 시작합시다! 우리 얘기를 솔직하게 해봅시다!

알면 사랑한다

사실 그들을 직접 만나보기 전에는 우리 세대와 달리 결핍이라고는 없이 풍요롭게 자란 세대들이라 생각했다. 하루키의 소설에 나오는 '지금까지 인생에서 부족함 없이 누리며 살았고, 원하는 것을 갖지 못해 괴로워한 경험은 없으며, 그러나 한편으로 정말로 원하는 것을 고생해서 손에 넣는 기쁨을 맛본 적도 기억하는 한단 한 번도 없다'는 표현이 그들을 대변한다고 생각했다. 게다가 가끔 학생들이 던지는 '스스로도 자신의 꿈을 잘 모르겠다'는 말은 이런 믿음을 더욱 확고하게 할 뿐이었다. 젊은 친구들에게 '결핍'이라는 동력이 없는 것이 큰 문제라고 생각했다.

생물학자 최재천 교수는 "알면 사랑한다"고 했던가. 학생들을 만난 지 몇 년이 지나자 그들을 차차 이해하게 되고 사랑하게 되면서 그들을 감싸고 있는 단단한 외피 안에 뜨거운 열정과 꿈이 들어 있는 것을 보게 되었다. 뭔가가 꿈틀거리고 있었다.

그렇다면 내가 그들에게 줄 수 있는 것은 무엇일까? 처음에는 나도, 그들도 뭔가 기술적이고 전문적인 것들을 주고받으리라 기대했었다. 물론 방송 현장에서 배울 수 있는 기본적인 것들이 없다는 얘기는 아니다. 하지만 방송의 전문적인 테크닉은 구체적으로 들어갈수록 필요한 부분이 사람마다 달라지게 마련이다. 자신에게 맞는 문제 해결법을 창의적으로 찾아내야 한다는 뜻이기도 하다. 정작 학생들에게 필요한 것은 이런 구체적인 방송 테크닉만이 아니었다.

이들은 실상 꿈이 없어서도, 열정이 없어서도 아니고 혼자 뭔가를 결정해 본 경험이 거의 전무하기에 두려운 것이었다. 자신의 가슴에서 나오는 소리를 들어본 적이 없었고, 그 가슴을 따라 살아본 경험이 없었기에 모든 것이 막연히 두려웠던 것이다.

어느 날 나는 꿈을 찾아 헤맨 한 나약한 인간으로서 정용실이 겪었던 고민과 아픔을 그들 앞에 솔직히 꺼내놓았다. 사람의 마음은 상처와 상처로 깊이 연결된다고 했던가. 아픔과 아픔으로, 나약함과 나약함으로 연결된다고 했던가. 멘티들은 서서히 나를 이해하며 가슴으로 받아들였다.

그리고 나는 그들을 지켜봤다.

우리 젊은이들이 어떤 힘든 과정을 거치더라도 결국 자신의 길을 가는 것을.
자신의 열정에 불을 지피는 순간을.
스스로 그 길을 열어가는 것을.

앞으로도 나는 그 길을 먼저 간 사람으로서 그들이 지치고 힘들어할 때, 잠시 손을 내밀어 잡아줄 수 있는 인생의 선배이길 바라본다.

아나운서의 길

타 분야 사람들을 만나면 이런 질문을 받게 된다.
"아나운서 생활은 어떤가요?"
사람들이 알아봐 주는 데다 일은 쉽고 편하지 않느냐는 뉘앙스가 깔려 있다.

나는 20여 년간 한 번도 편하게 지내본 적이 없다. 방송이 적어

몸이 편할 때는 이 길이 내 길인가 하는 번민으로 마음이 불편했고, 방송이 많아 마음이 편하면 일에 지쳐 몸이 고단했다. 이 둘의 균형을 잡기가 정말 힘들었다. 그리고 평생 나이가 들어가는 것을 의식하며 지내왔다. 그 나이에 걸맞은 삶과 생각과 수준을 유지하기 위해 미리미리 공부하려 고군분투했다. 또 무대에 서는 사람으로서 각고의 절제를 하는 발레리나 강수진 씨를 만나고 나서는 항상 건강하고 생기 있는 모습으로 시청자와 대면하고자 매일 운동을 하며 생활을 규칙적으로 이끌려고 최선을 다했다. 그럼에도 흐트러지고 태만해지는 나를 마주할 때가 부지기수다. 오늘 누가 내 방송을 들으랴, 보랴 하는 안이한 유혹에 빠지기도 한다.

그러나 학생들을 만나게 되는 날에는 다시 긴장의 끈을 조이게 된다. 20대의 꿈과 열정, 희망을 가진 그들의 초롱초롱한 눈을 들여다보고 있을 때면 나의 20대가 떠오른다. 두려움과 함께 가슴 안을 출렁거리는 뜨거움으로 한곳을 바라봤던 그 순간이. 언론의 길 외에 꿈이 없었던 그 순간이.

나는 자연스레 나이 든 여자 아나운서가 될 것이다. 그렇다면 나이 든 여자가 가진 놀라운 친화력과 경청 능력으로 출연자의 가슴속 꿈틀거리는 이야기가 술술 풀리게 하는 질문들을 하게 되지 않을까.

이번 멘토링은 멘티들에게만 도움의 시간이 된 것은 아니었다.

나 자신에게는 꼭 필요한 중간 점검의 시간이었다. 이 시간을 통해 나는 이전보다 더 포용하고, 이해하며, 공감하는 진행자, 매체 너머까지 따스함이 전해지는 진행자가 되고 싶다. 20대부터 이어져온 나의 노력이 발판이 되어.

2014년 1월, 여의도에서
정용실

첫 번째 만남 ▶ ▶ ▶

왜 아나운서가
되고 싶은가

　나는 아나운서 멘토링을 받으러 오는 친구들에게 늘 이런 질문을 던지며 만남을 시작한다.

　"왜 아나운서가 되고 싶죠?"

　다소 단도직입적인 질문이다.

　"무슨 이유에서죠?"

　멘토링 수업 때만이 아니다. 아카데미 교육에서도 항상 학생들에게 하는 첫 질문이 바로 '왜 아나운서가 되고 싶은가?'이다.

　다시 말해서 이 질문은 아나운서가 자신의 적성에 맞느냐를 물어보는 것이다. 무엇에 끌려 이 길을 선택했는지, 정말 뭔가에 끌려서 온 것은 맞는지를 확인하자는 것이다.

　내가 방송에서 만난 각계의 전문가들은 대부분 자신의 직업을 선택한 순간을 확실히 기억하고 있었다. 마리아 칼라스의 음악을 듣는 순간 번개에 맞은 것처럼 저렇게 노래를 불러보고 싶다는 생각에 사로잡혀 노래를 시작했다는 팝페라 가수, 고등학생 시절 교회 연극무대에 처음 섰을 때 자신만을 바라보는 관객과 그 떨림을 잊을 수 없어 연극인의 길을 걷기 시작했다는 배우 등….

필자에게도 그런 순간이 있었다. 중학생 시절, 평소처럼 텔레비전 앞에 앉아 있었다. 텔레비전에서 한 앵커가 인터뷰를 하는데 얼마나 능숙하게 하던지, 놀란 것은 둘째 치고 그 순간은 시간이 잠시 멈춰버린 것 같았다. 그 방송의 한 장면을 보고 나는 방송인이라는 직업에 완전히 매료되었다. 저렇게 긴장된 순간 사람의 마음속에 들어 있는 이야기를 끌어낼 수만 있다면 그 얼마나 짜릿할까 싶었다. 그때부터 방송인의 꿈을 조용히 가슴속에 담아두었다. 대학 진학을 앞두고 법대를 가라는 주변의 권고를 뒤로한 채 신문방송학과를 선택한 용기도, 방송으로 나의 길을 정한 무모함도 다 그 순간을 잊지 못해서였다.

앞서 한 질문을 정확히 표현하자면, 필자는 '아나운서라는 일이 당신의 가슴을 흔든 적이 있느냐?'고 묻는 것이다. 한순간의 가슴 떨림도 없이 어찌 평생 이 길을 갈 수 있느냐는 물음이다. 무슨 일을 시작할 때 이런 가슴 떨림이 있고 없고는 정말 중요한 차이다. 사람을 만날 때를 떠올려보라. 이렇게 가슴 떨리게 하는 사람은 계속 만나고 싶어지고, 그래서 오랜 인연이 되는 경우가 많지 않은가.

질문을 다르게 표현해 보자면, '직관'에 대해 묻는 것이다. 우리는 살아가면서 자신의 내면에서 들리는 소리에 귀 기울일 필요가 있다. 때로는 우리의 내면이 가장 진실한 것을 말해 줄 때가 있다. 자신에게 솔직하다면 스스로 정확한 답을 얻게 되는 수가 있다. 자신이 정말 좋아하는 사람이나 일을 마주하면 누구나 눈빛이 달라진다. 초롱초롱 반짝반짝. 그리고 정말 좋아하는 일에 대해 이야기하면 얼굴에 환하게 미소가 드리워지고 어디선가 열정이 살아난다. 속일 수가 없다. 사람은 누구나 진정 좋아하는 일을 두고 다른 일로 성공할 수가 없는 것이다.

첫 단계에서 아나운서라는 일이 과연 인생을 던질 만큼 소중한 일인가, 평생 설렐 만한 일인가, 내 가슴속에서 뭐라고 하는지 정확히 들어보자는 말이다.

"왜 아나운서가 되고 싶은가?"라는 질문은 필자가 아나운서 생활을 하는 20여 년 내내 가슴속에서 사라지지 않았던 근본적인 질문이었다.

학생들을 만나면 이 질문부터 걸림돌이 되곤 한다. "왜 아나운
서가 되고 싶은가?"에 대해 적어오라고 하면 아나운서라는 직업
에 대해 알아보고 거기에 자신의 답을 맞추려 하는 경우가 많다.
그런 정답을 적어오라는 게 아니다. 사실 정답도 없는 질문을 던
진 것이다. 젊은이들이 이 질문에 대답을 하는 태도와 열정을 간
파해 보려 한 것뿐이다. 어떤 눈빛으로 이 직업에 대해 말하는지
를 보며 이 직업에 대한 관심과 열정을 보려 하는 것이다. 그래
서 필자는 도리어 자꾸 이들의 꿈 앞에 놓인 장애물들을 슬슬 나
열해 본다. '이런 게 어려울 거고, 저런 게 힘들 텐데'라고. 이들의
꿈이 과연 가슴속에 얼마나 큰 뿌리를 내리고 있는지 살펴보기
위해서다.

인생의 중요한 결정을 부모의 뜻에 따라왔거나 남들과 비슷한
선택을 해온 젊은이들에게는 '마음의 소리'라 할 수 있는 '직관'을
듣거나 이를 통한 선택을 해볼 기회가 없었을지 모른다. 막상 직
관이 중요하다고 하니 막막하고 두렵기만 할 것이다. 그러나 하나
명심해야 할 것이 있다. 인생은 원래 정답이라는 게 없다. 누구나

나만의 길을 개척해 가야 하는 것 아니던가. 알 수 없는 미래에 우리는 무엇을 기준 삼아 결정을 내려야 하는가?

도널드 트럼프는 그의 책에서 이렇게 말한다.

"직관의 작용을 명확하게 설명할 수 있는 사람은 아무도 없다. 그저 이것은 해야 한다, 혹은 하지 말아야 한다는 느낌을 가질 뿐이다."

어떤 선입견 없이 상황에 맞닥뜨릴 때 가슴속에서 들려오는 소리, 말로 표현할 수 없는 어떤 느낌, 이것이 바로 직관이다.

불확실한 미래에 대한 중요한 결정을 앞두고 설명할 수 없는 직관이 중요하다니 정말 의아할지도 모른다. 그러나 최근 뇌 과학이 발달하면서 과학자들은 우리의 두뇌는 행동의 인과관계를 매일같이 저장하고 있으며, 어떤 상황에 맞닥뜨리게 되면 과거에 겪었던 그와 유사한 상황을 떠올려 행동의 결과를 미리 예측할 수 있도록 한다고 이야기하고 있다. 이것이 직관력이다.

콜린 파월도 중요한 결정을 할 때 그동안의 경험을 바탕으로 한 느낌을 따른다고 한다. 이것이 바로 직관에 의한 결정이다. 사실은 자신도 모르게 쌓여온 선택의 경험이 중요한 순간 힘을 발휘하는 것이다.

그러나 이런 자유로운 선택의 기회를 가져보지 못한 젊은이들은 경험 부족으로 성공적인 선택을 하기가 어렵다. 그래서 멘토

링을 하는 선배에게 부모 대하듯 자신의 길을 대신 선택해 달라고
보채는 경우도 있다. 이 일이 멘토가 대신 해줄 일인가? 이 일이
부모가 대신 해줄 일인가? 자신의 인생인데, 남보고 대신 살아달
라는 말 아니겠는가. 물론 두렵고 힘들겠지만 사회라는 거대한 바
다로 나가기 전, 지금이라도 늦지 않았다. 이제부터라도 작은 실
패와 성공의 경험을 가져보자. 스스로 선택하고 결정하는 책임감
을 가져보자. 이것이 진정한 멘토링의 시작이다.

멘토링의 시작은 인생이 거대한 바다라는 것을 인식하는 것, 그
리고 누구나 자신의 배를 노 저어 가야 한다는 것, 어느 누구도 대
신 살아줄 수도, 대신 아파해줄 수도 없다는 삶의 진리를 대면하
는 일이다.

자기소개서

자기소개서에는 자기만의 스토리를 써야 한다. 화려한 경력을 자랑하는 자리가 아니다. 따라서 자신을 솔직하게 보여주는 게 필요하다. 솔직함만이 이 글을 읽는 사람의 마음을 움직일 수 있다는 명확한 사실을 잊지 말자. 솔직한 자기 스토리를 적어보라.

첫 번째 만남

두 번째 만남 ▶ ▶ ▶

희망의 3지망

희망의 3지망을
적어보자

멘토링을 위한 첫 만남에서 학생들에게 다소 충격요법을 썼다면, 두 번째 만남부터는 차분히 현실을 돌아봐야 할 때다. 그리고 자신이 진정으로 무엇을 원하는지 찾아보아야 한다. 필자는 첫 만남이 마무리될 무렵 희망의 3지망, 즉 꿈의 3지망을 적어오라는 숙제를 내준다.

급작스레 남을 따라가기보다 차분히 자신을 돌아보고 가장 원하는 일이 무엇인지, 차선은 또 무엇인지 하나씩 냉정하게 생각해보는 게 필요하기 때문이다. 그러면서 아나운서라는 직업이 자신이 정말로 원하는 일들 속에서 과연 몇 번째 순위인지 다시 한 번 생각해 보자는 것이다. 내가 꿈을 꾸기 시작한 그 순간부터 지금까지를 다 펼쳐놓고 그 속에서 하나하나를 제대로 들여다보자는 것이다.

아나운서만 하겠다는 것은
오만이다?

학생들에게 1, 2, 3지망을 적어보라면 나를 의아하게 쳐다본다. 아나운서 멘토링을 하려는 것 아닌가 하는 표정이다. 맞다! 필자도 처음에는 아나운서인지, 앵커인지, 기자인지 모호한 상태에서 이 분야에 대한 열정을 품었다. 직관은 점쟁이가 아니다. 콕 집어 모든 것을 말해 주지는 않는다. 단지 무엇을 잘할 수 있을 것 같다는 느낌 정도일 뿐이다. 그런데 아나운서 한 분야만을 도전한다면 그것은 너무나 무모한 일이다.

대체적으로 아나운서를 지망하는 학생들은 '사람'에 대한 호기심이 많고 언어 감각이 뛰어난 편이다. 그러나 언어가 주가 되는 직업은 사실 많다. 교사, 교수, 강사 등 가르치는 직업도 강단에서 말을 하는 직업이다. 기자도 글을 쓰거나 인터뷰를 하며 언어와 사람을 다루는 직업이다. 관련 분야 중에서도 하고 싶은 일들을 다 적어봐야 한다. 범주를 넓게 잡고 있다가 점점 좁혀 나가야 한다. 드넓은 모래밭에서 진주를 찾고자 할 때 진주만 싹 골라낼 수 없다. 모래를 한 줌씩 쥐고 샅샅이 살펴보는 노력이 필요한 것처럼 말이다.

이 과정은 참으로 중요하다. 인생의 밑그림을 그리는 것과 비슷하다. 필자는 학생들에게 이 과정에서 커다란 백지를 꺼내놓고 일단 가슴에서 떠오르는 꿈 한두 가지를 적어보라고 한다. 그리고 내가 할 수 있을 것 같은 꿈까지도 적어 세 가지를 채워보라고 한다. 그런 뒤 그 세 가지 꿈을 준비하기 위해 필요한 것들을 하나씩 나열해 보라고 한다. 준비사항을 다 적기 위해서는 기본적인 정보를 인터넷으로 조사하거나 관련 분야의 사람에게 문의해 봐야 할 것이다. 이처럼 내용을 확인하기 위해 그 분야에 접촉을 하다 보면 좀 더 구체적으로 그림이 그려진다. 그리고 나에게 적합한지 아닌지를 또 한 번 점검할 수 있다.

이렇게 세 가지 꿈과 준비사항을 다 놓고 보면 실상 겹치는 부분이 많다. 겹치는 부분을 제외하고 준비사항이 총 몇 개인지, 그를 위한 시험 일정과 공부가 완성되는 시기 등 그 하나하나를 체크하다 보면 구체적인 일정표가 나오게 마련이다. 자연스레 꿈 도표와 함께 1년 치 계획표가 완성된다. 꿈을 그리는 것이 인생에서 큰 숲을 보는 것이라면, 이와 더불어 준비사항과 1년 일정표를 정리하는 것은 그 숲에 있는 나무들 하나하나를 살펴보는 구체적인 일이다. 어느 분야에서 일을 하든지 두 가지를 조화롭게 잘 구사할 수 있어야 한다. 거시적 안목과 미시적 안목, 비전과 실천, 이상과 실현. 꿈을 구체화하는 데 있어서 이 양날의 칼을 잘 사용해 보자.

꿈의 3지망은 포기가 아니라
돌아가는 길이다

꿈의 3지망을 적어오라고 하면 이런 질문을 하는 친구들이 반드시 있다.

"3지망까지 적는다는 건 그만큼 자신이 없다는 뜻이거나 아나운서가 못 될 것 같으니까 도피할 곳을 미리 만들어놓는 것이 아닌가요?"

강력하게 반발하는 친구들도 있다.

"저는 오직 아나운서만 하고 싶은데요!"

그렇다. 그렇게 한 가지만 생각하다 그것을 이룰 수 있다면 얼마나 좋겠는가? 그러나 아나운서 멘토링을 받은 후 실제 아나운서의 길을 걷는 경우가 적은 것 또한 현실이다. 그리고 내 자신의 20여 년 방송 생활을 돌아봐도 언제나 원하는 대로만 되지는 않았다. 인생 전체를 돌아봐도 마찬가지 아닌가. 어쩌면 삶이란 길에서 원하는 길과 가야 할 길이 다를지도 모른다.

좀 더 냉정하게 생각해 보자. 방송에는 다양한 분야의 사람들이 나온다. 각 분야의 전문가, 교수, 교사, 기자, 프로듀서, 개그맨, 가수 등등. 방송에서 아나운서와 비슷한 일을 하는 사람들의 분야가 점점 넓어질 뿐 아니라 이제는 인터넷을 통한 1인 방송사를 만들 수도 있는 시대이다. 그런데 오직 지상파 아나운서만을 꿈꾸며 수년의 시간을 낭비하고 있다면 그것이 과연 현명한 일일까? 방송을 해보고 싶다는 꿈을 이루기 위해 돌아가는 듯 보여도 목표, 방향만 확실하다면 결국은 그 꿈에 다다를 수 있다.

내게도 아나운서는 2지망

필자는 입사 준비를 할 무렵 방송을 하고 싶다는 막연한 생각만을 가지고 있었다. 물론 지금처럼 멘토링이라는 것은 구경도 못해볼 시대였다. 아무튼 같은 학교 신문방송학과 출신의 여대생들이 광고회사에 특채로 가는 것을 보면서도 곁눈질 한번 하지 않은 것은 그래도 나름의 방향을 갖고 있었기 때문이다. 그러나 당시 방송사들이 파업 때문에 신입사원 공채를 미뤘다. 기다렸다. 3~4개월을 기다리니 한 방송사가 지원을 받았다. 필자는 아나운서가 아닌 기자로 지원했다. 그러나 면접에서 떨어졌다. 다른 방송사 시험은 예고도 없었다. 초조한 마음에 신문사 기자 시험도 봤다. 거기서도 떨어졌다.

6개월이 훌쩍 넘어가자 부모님 눈치도 보였다. 1년의 시간을

달라고 설득했다. 당시 취업이 안 되는 여학생들에게는 '취집결혼'
이 기다리고 있었다. 어딘가에 적을 두고 내가 원하는 시험을 준
비해야겠다는 생각이 들었다. 그때 한 대기업 홍보실 면접이 있다
고 학교에서 알려왔다. 최종 면접과 인성검사만 통과하면 되는 것
이었다. 필자는 당연히 붙겠지 생각하고 다른 준비에 여념이 없었
다. 그러나 결과는 예상과는 달리 탈락이었다. 지금 돌이켜보면
당연한 결과였다. 그 길은 내 길이 아니었다.

정신을 추스르고 다시 방송사 입사 준비에 매진했다. 내 자신에
게 1년이란 시간제한을 주기로 했다. 그 안에 원하는 일자리를 얻
지 못하면 다른 길을 모색하기로 했다. 그렇게 여러 군데 지원과
낙방을 거듭하다가 결국 KBS 아나운서로 입사 확정을 받았다. 2
지망으로, 차선으로 혹시 넣어본 것이었는데, 이 길이 내 길이 될
지 누가 알았겠는가.

우리에게 주어진
희망의 문은 여러 개

오랜 기다림 끝에 시작한 방송국 생활. 남들보다 오래 기다리며
절실하게 구한 직장이었기에 그다음부터 펼쳐질 방송 생활은 평

탄하리라 생각했다. 그러나 신께서는 내게 그리 쉽고 편안한 길을 주지 않으셨다. 방송국에 입사는 했지만 무지갯빛 같은 일들이 펼쳐지지는 않았다. 점점 꿈을 이루는 길이 쉽지 않다는 생각이 들었다. 내가 원하는 문은 잘 열리지 않는 게 아닐까 답답하기도, 두렵기도, 원망스럽기도 했다. 자신감을 잃고 막막한 마음에 문 앞에 주저앉아 여러 가지 생각을 하고 있었다.

'언제까지 이렇게 주저앉아 있어야 할까. 어쩌면 이 세상의 문이란 것은 나 같은 인간이 열 수 없는 게 아닐까? 누군가가 열어줘야 하는 것인가!'

가만히 생각해 보니, 나는 문을 두드릴 수는 있어도 열 수는 없을 것 같았다. 그렇다면 아무리 두드려도 열어주지 않을 때 내가 할 수 있는 일은 무엇일까 싶었다. 그 순간 번뜩 이런 생각이 스쳤다.

'그래, 남과 좀 다르게 생각해 보자. 발상의 전환! 과연 내 앞에 펼쳐진 문이 오직 이 문 하나일까? 혹시 더 있지 않을까?'

여기까지 생각이 미치자 정말로 그 순간 내 앞에 여러 개의 문이 더 있다는 생각이 들었다. 갑자기 내 앞에 놓인 여러 개의 문들이 보이면서 기운이 나기 시작했다. 그래서 곧바로 자리를 털고 일어섰다. 그리고 다른 문들을 하나씩 두드려보기 시작했다.

그 당시 내 앞에 보인 문들 가운데 하나가 바로 '여성학'이었다.

대학 때부터 나도 모르게 관심이 가던 여성 문제. 내가 여성으로 살아가면서 늘 부딪히게 되는 문제들이었다. 결혼하고 아이를 낳은 한 여성으로서 방송의 기회를 가질 수 없었던 순간, 철옹성 같은 사회의 편견 앞에서 처음에는 나도 좌절했다. 사실은 방송사 입사를 준비하면서 좌절한 순간보다 열 배, 백 배 더 힘들었다. 이런 문제에 직면하니 여성으로 태어난 내 자신을 계속 사랑할 수도 없었다.

그래서 나는 방송 일을 잠시 뒤로하고, '여성'이라는 다른 문을 과감히 열었다. 열려 있는 문을 조용히 빠져나와 동시에 나만의 다른 문을 조심스레 열어놓은 것이다. '여성'에 대해 제대로 알고 공부를 해야 내 자신을 다시 사랑할 수도 있을 것 같았고, 이 과정을 통해 삶의 희망과 자신감을 회복할 수 있을 것 같았다. 그러면서도 마음 한편에서는 '방송'과 '여성학 공부'라는 두 가지 길을 병행할 수 있을까 하는 두려운 마음도 있었다. 그리고 한 우물을 제대로 파보지도 않고 또 다른 우물을 파기 시작한다는 것은, 혹시 방송사 생활이 성공적이지 않을 수도 있다는 두려움에 대한 도피는 아닐까 하는 생각이 들었다. 그래서 '방송'과 '여성학' 둘 중 하나의 길을 과감히 선택하지 않았던 것이다. 당연히 몸은 힘들게 뻔했지만 방송과 공부를 한번 병행해 보기로 했다. 좀 더 차분히 두 분야를 철저히 점검해 보고, 만약 공부의 길이 내게 맞다면

서서히 '방송'을 접으리라 생각했다.

실상 나이가 들어 공부를 시작해 보니 정말 쉬운 일은 아니었다. 늘 '따라갈 수 있을까?' 하는 생각이 머릿속을 떠나지 않았다. 더군다나 공부에만 매진하는 학생들뿐인 주간 대학원이라 수업에 참여하기 위해 부지기수로 밤을 새우고, 책상 위에 엎어져 잠들기 일쑤였다. 그렇게 몇 달이 지나자 결국 코피가 쏟아졌다. 그래도 그 과정을 통해 중요한 몇 가지를 깨달았다. '공부'라는 것은 의지만 있다면 나이가 중요하지 않다는 사실과 내가 몸담고 있는 '방송'이란 곳이 얼마나 의미 있는 곳이 될 수 있는지를 말이다. 또한 내가 방송에서 여자 아나운서로서 어떤 모습을 보여주느냐에 따라 이 세상을 살아가는 다른 여성들에게 희망이 될 수 있겠다는 생각이 들었다.

솔직히 나는 공부를 하러 가서야 진정 내가 하고 싶은 일이 무엇이었는지, 내가 가장 잘할 수 있는 일이 무엇인지, 그리고 그 일에서 내가 찾고자 한 가치가 무엇인지를 깨달았다. 다른 문에 서서 아나운서라는 문을 들여다보니 내 상황이 정말 냉정하게 보였다고나 할까.

그래서 나는 조용히 두 번째 열었던 문을 닫고, 첫 번째 문, 아나운서의 길로 돌아왔다. 그리고 그 소중함을 잊지 않고 열심히 일을 하게 되었다.

원하는 길과 가야 할 길이
다를 수도 있다

　인생이란 모든 게 다 자신이 마음먹은 대로 풀리지는 않는다. 때로는 너무도 쉽게 풀리는 일이 있는가 하면 때로는 아무리 노력해도 풀리지 않는 일과 마주하게 된다. 그렇다고 주저앉아 낙심만 할 수는 없지 않은가. 어느 문이 진정 자신의 길로 가는 문인지를 20대의 젊은 나이에 한 번에, 정확하게 결정하기는 어렵다. 자신이 원하는 길이 가야 할 길과 맞아떨어진다면 얼마나 감사할 일인가. 하지만 자신이 원하는 길과 가야 할 길이 다른 경우도 부지기수다.

　어찌 보면 이 모든 영역을 인간이 결정할 수 없다는 생각이 든다. 문은 운명의 신이 열어줘야 하는 것인지도 모르겠다. 운명론, 숙명론으로 빠지려고 하는 것이 아니다. 세상 모든 일을 내가 다 결정할 수 있다고 생각하는 것은 지나친 자신감, 자만, 오만이 될 수 있으니 경계하자는 뜻이다.

　멘토링 초기, 내게 지도받던 학생들이 취업에 실패할 때마다 나는 정말 어떻게 해줘야 할지 몰랐다. 내가 지도를 제대로 하지 못해서 그런 것인지, 그 친구가 노력이 부족해서 그런 것인지, 뭔가 원인을 찾으려고만 했다.

그러나 사실 뚜렷한 원인은 없었다. 그래서 내 삶을 돌아봤다. 나도 젊은 시절 낙심하기도 하고, 울기도 하고, 화도 내고, 힘들어했다.

그러나 나이가 든 지금은 다르다. 계속 좌절하고만 있을 수는 없지 않은가. 과연 우리가 할 수 있는 게 아무것도 없나 하는 생각이 들었다. 답답하다 보니 조금은 지혜롭고 살짝 창의적으로 생각해 보게 되었다.

그러자 인생의 문이 하나가 아니라는 중요한 사실이 보였다. 그리고 한길을 가기 위해 때로는 다른 문들을 슬쩍슬쩍 넘겨다보는 것도 가능하다는 사실을 알게 되었다. 삶의 경험이 부족한 학생들에게 이 사실만은 전해주고 싶었다. 그래서 꿈의 3지망을 떠올리게 되었다.

방송의 길에 들어선 20여 년 내내 필자는 힘들 때마다 다른 문을 두드리고 열었다. 여성학, 문화, 책, 사람, 음식에 대한 문을 열었다. 이런 과정을 통해 내 삶을 풍성하게 만들었고, 이 같은 다양한 관심사가 때로는 방송으로 구현되기도 했다.

우리는 이 사실만큼은 잊지 말아야 한다. 우리 앞에 놓인 인생의 문은 단 하나가 아니라 여러 개라는 사실을 말이다.

꿈을 찾아
떠나는 길

"당신은 자신에 대해 제대로 알고 있는가?"

꿈을 찾아 떠나기 위해 던지는 첫 질문이다. 학생들은 영 자신 없어 하는 분위기다. 도리어 내게 묻는다.

"제가 뭘 하면 좋을까요?"

"저한테 어울릴 만한 걸 좀 찾아주세요!"

누가 이들을 이렇게 만들었는가. 우리 사회의 교육이 학생들을 이렇게 틀에다 가둬놓은 것인가. 답답하기도 하지만 안타까운 마음이 우선 든다. 그렇다 할지라도 이 질문에 대한 대답은 어느 누구도 해줄 수가 없다. 답은 바로 자신이 찾아야 하는 것이다.

요즘은 어린 시절부터 무언가를 스스로 결정하는 일이 없다. 부모가 결정하고, 사교육에 의존하고, 학원에서도 마치 자기네가 모든 것을 책임져 줄 것처럼 말한다. 하지만 그 길은 분명 아이들이 스스로 선택해서 가야 할 길이다. 진정한 교육이란 한 인간이 스스로 일어서도록 도와주는 게 아닐까. 결국은 그곳으로 올 때까지 참고 기다려주는 것이 아닐까.

솔직히 말해서 누군가에게 의지하는 삶은 정말 편하다. 힘들고 어려운 일들을 결정해 주고, 귀찮은 일들은 대신 해준다. 그러나 이런 것들에 의지하는 순간 내 스스로 결정하고 행동할 '주체성'이 사라지게 된다. 우리는 삶에 대해 불안하고 초조하기 때문에 자꾸 의지할 데를 찾는다. 이런 혼란스럽고 힘든 세상 속에서 부모나 학원에 의지해 대학을 마친 학생들이 의지할 또 다른 누군가를 기다리는 것은 어쩌면 당연한 일인지도 모르겠다. 자꾸 넘어지고 다치더라도 지금 이 순간부터는 과감하게 손을 놔야 한다. 손을 놓는 일이 바로 진정 어른으로 가는 길이다. 두 눈 질끈 감고 손을 놓는 것이 바로 시작이다.

우리는 꿈을
어떻게 꿀 것인가

다치바나 다카시의 《청춘 표류》. 내가 뭔가 새로운 일을 도전해야 할 때, 누군가의 응원이 필요할 때 꺼내 읽는 책이다. 그리고 청춘들에게 늘 권하는 책이기도 하다. 작가 다치바나 다카시가 만난 사람들은 정말 평범한 사람들이 아니다. 주위에서 말하는 대로 모범적으로, 순탄하게 살아오지 않은 문제아들이다. 칠기에, 나이프에, 원숭이에, 카메라에, 매에 미친 사람들. 소위 세속적인 성공을 이루지 못한 사람들이다. 그렇다면 이들이 이룬 성과는 성공이 아닌 실패란 말인가. 분명 아니다. 성공과 실패의 기준은 무엇인가. 남들의 기준에 맞춰야 하는 것인가. 경제적인 풍요를 이뤄야만 하는가.

인생은 대학에 들어가는 순간 완성되고 멈추어버리는 것이 아니다. 과거가 현재로, 현재가 미래로 꾸준히 연결되는 한순간에 놓인 것일 뿐. 그렇다면 성공과 실패라는 것이 인생을 다 살아보지 않은 젊은 사람들에게 언급할 수 있는 표현인가?

《청춘 표류》에 나오는 주인공들은 얼핏 보면 힘들게만 산 인생들처럼 보인다. 특히 다치바나 다카시가 '고기의 신'이라고 부르는 모리야스 츠네요시라는 인물. 그는 중졸 학력으로 현재 도쿄의 오오이 정육점이라는, 품격과 규모 면에서 일본에서 1, 2위를 다투는 정육점의 주인이다. 시골에서 태어난 그는 공부를 하기 싫어해 중학교를 마치고 정육점의 잡역부로 일을 시작했다. 원래는 선원이 되고 싶었으나 집안이 가난해 선원 학교에 가려는 꿈을 깨끗이 포기하고 정육점의 심부름꾼이 될 수밖에 없었다. 시골에서 올라온 그는 세상 물정을 몰라 정육점에서 온갖 일을 다 하면서도 월급은 쥐꼬리만큼 받았다. 그러나 그는 사회라는 곳이 원래 그런 줄 알았다. 그래도 그에게는 지기 싫어하는 근성이 있었고, 그 덕에 잡일에서 벗어나 차차 뼈 바르는 일을 맡게 되었다. 많은 사람들이 힘들어 포기하고 떠나기도 했지만, 그는 손을 베고 상처를 입어도 화장실을 가는 시간을 빼고는 고기를 발랐다.

이렇게 2년을 보내고 나니 자신감이 붙었다. 그는 수없이 많은 고기를 바르면서 고기를 발라내는 칼과 하나 된 손끝의 감촉을 익혔다. 고기를 다듬을 때 눈으로 보고 머리로 생각할 틈도 없이 손의 감각이 이것을 판단하니 얼마나 빠르고 본능적으로 처리할 수 있었겠는가. 그렇게 이 분야의 최고가 되었다.

결국 그는 자신이 이 일을 진정으로 좋아한다는 사실을 알고서 한평생 이 일을 하기로 다짐한다. 그래서 고기에 대한 책이란 책은 다 읽어보며 누구에게도 뒤지지 않을 만한 지식을 쌓고, 그의 기술과 노하우를 전수하기 위해 10년이 더 걸려 《쇠고기》라는 책을 출간한다. 이 책을 읽은 사람들은 그가 구구단도 못 외운 어린 시절이 있었다는 사실을 상상도 못 할 것이다.

청춘의 시기, 파도가 넘실거리듯 우리네 인생은 표류하고 흔들리고 있는 것처럼 보이지만, 멀리 불빛 하나만을 놓치지 않고 따라간다면, 결국 우리는 그곳에 도착하게 될 것이라는 중요한 사실을 작가 다치바나는 《청춘 표류》의 인물들을 통해 보여주고 있다. 그리고 '무엇을 하는 인생이냐'라는 사실도 중요하지만, '어떻게 사느냐'가 더 중요하다는 사실을 깨닫게 해준다.

젊은이들이 어떤 꿈을 꾸는지는 참으로 중요하다. 그러나 그 꿈을 어떻게 꾸는지가 더 중요하다.

인생이라는
거대한 바다

여기서 한 권의 책이 더 떠오른다. 헤밍웨이의 《노인과 바다》. 망망대해 위에 떠 있는 노인과 배, 그리고 돛새치. 노인은 돛새치를 지키기 위해 파도, 그리고 상어 떼와 처절한 사투를 벌인다. 어린 시절 이 책을 읽을 때는 결국 뼈만 남은 돛새치를 얻기 위해 왜 노인이 그런 사투를 벌였는지, 왜 이런 허탈한 결론을 얻기 위해 그리 길고 지루하게 묘사를 했는지 작가의 의도를 도통 이해할 수가 없었다. 그러나 나이가 들수록 《노인과 바다》는 우리 인생 그 자체를 보여주고 있다는 사실을 깨닫는다. 우리네 인생을 이렇게 그대로 묘사하기도 쉽지 않다. 작가의 인생에 대한 혜안과 깊이가 그대로 느껴질 뿐이다. 특히 다음 인용하는 대목은 우리 인생이 아무리 험난할지라도 우리가 잊지 말아야 할 인생의 진실한 대목을 드러내고 있다.

'좋은 일이라는 건 오래가지 않는구나.' 하고 노인은 생각했다. '차라리 꿈이었으면 얼마나 좋을까? 그러면 애써 잡은 고기를 뺏기지도 않았을 테고, 침대 위에 신문지를 깔고 느긋하게 누워 있을 텐데…'
"하지만 인간은 패배하도록 만들어진 것은 아니야." 하고 노인은 헤밍웨이가 소설 한 권 분량으로 그렇게 길고 지루하게 묘사하면서 우리에게 하고 싶었던 말은 바로 이것이었다고 짐작할 수 있다. "인간은 죽을지언정 패배하지는 않는다"라는 사실. 인생이란 태어나서부터 죽음을 향해 가는 지난한 과정일진대, 그 과정 속에서 포기하지 않고 견뎌내는 것이야말로 인간이 할 수 있는 유일한 노력일 테니 이것을 실패나 패배로 부를 수 없다는 말 아니겠는가. 인생의 마지막 순간에는 그 과정을 어떻게, 어떤 모습으로, 어떤 생각으로 견뎌왔느냐가 중요해진다. 이 노인처럼 죽음을 앞두고 무엇을 말할 수 있는가가 중요한 것 아니겠는가. 어차피 크게 성공할 것도, 실패할 것도 없는 인생인데 무엇이 두려워 자신이 원하는 대로 살지 못하랴.

아무리 부모의 배가 안전하고 크다고 해도 인생의 파도 앞에서는 완벽하게 안전한 것은 없다. 도리어 큰 배에 탄 사람들은 수영조차 할 줄 몰라 한번 물에 빠지는 순간 그 어떤 노력도 해보지 않고 삶을 포기해 버릴 수도 있다. 그러니 부모의 배가 아무리 안전하고 더 커 보여도 그 배는 언젠가 내려야 하는 배이지, 내 배가 아니란 사실을 알아야 한다. 크든 작든 누구에게나 타고 갈 배 한 척은 주어지는 게 인생이다.

결국 인생은 가끔씩 무시무시한 파도가 엄습하는 거대한 바다다. 쪽배일지라도 내 몸 하나 배에 싣고 인생의 목적지를 향해 가야 하는 것이 우리네 운명이다.

《노인과 바다》라는 작품을 통해 고통 속에서도 투혼을 가지고 인내하는 용기, 하나의 목표를 위해 자신이 갖고 있는 모든 능력과 재능을 발휘하고 포기하지 않는 근성을 배웠으면 좋겠다. 또 위험 속에서도 끝까지 희망을 잃지 않는 순수함을 배웠으면 좋겠다.

– 장영희, 《내 생애 단 한 번》 中

꿈을 발견하는 것은
내 자신과 대면하는 일

인생을 살아내는 것과 아나운서로서 살아가는 것은 비슷하다. 이 세상 어느 직업이 평탄한 길로만 이루어져 있을까. 아나운서라는 직업은 재능이 없이는 재미있게 일하기 어려운 직업이자, 재능이 있어도 연마하지 않으면 정체되어 버리는 직업이고, 자신이 가진 재능과 방송이 한길로 가기 어려운 직업이라는 생각이 든다. 이런 생각 탓에 20년 방송 생활 동안 늘 재능의 부족함과 이에 대한 갈급함으로 노력을 소홀히 하지 않았다.

다수의 젊은이들이 생각하는 것처럼 취업이 되는 순간 자신이 꿈꾸던 장면이 다 이루어지는 그런 직업은 없다. 이제부터 더 큰 파도가 기다리고 있다는 사실을 간과해서는 안 된다. 그래서 나는 아나운서가 되면 모든 게 다 이루어질 거라고 들떠 있는 젊은이들에게 이렇게 한마디를 던진다.

"아나운서는 되기도 어렵지만, 기억에 남는 아나운서가 된다는 건 더 어려운 일이에요."

산다는 것은 곧 시련을 감내하는 것이며, 살아남기 위해서는 그 시련 속에서 어떤 의미를 찾아야 한다는 것이다. 만약 삶에 목적이 있다면 시련과 죽음에도 반드시 목적이 있을 것이다. 하지만 어느 누구도 그 목적이 무엇인지 말해 줄 수는 없다. 각자가 스스로 알아서 이것을 찾아야 하며, 그 해답이 요구하는 책임도 받아들여야 한다. 그렇게 해서 만약 그것을 찾아낸다면 그 사람은 어떤 모욕적인 상황에서도 계속 성숙해 나갈 수 있을 것이다. 니체는 이렇게 말했다. "왜 살아야 하는지를 아는 사람은 그 어떤 상황도 견뎌낼 수 있다."

– 빅터 프랭클, 《죽음의 수용소에서》中

자, 이제 쉽고 평탄한 길, 부모가 대신 해줄 인생길이란 없다는 것을 인정하고 자신이 평생 갈 길, 정말 가고 싶은 길, 그 어떤 어려움도 이겨낼 수 있을 만큼 열정과 애정을 가진 길을 찾아야 할 것이다. 그것을 알아가는 과정이야말로 내 자신을 제대로 대면하는 과정이자 내 자신에 대해 솔직해지는 과정이다. 어린 시절 내가 가장 좋아했던 것이 무엇인지, 나를 잘 아는 사람들이 말하는 나의 진면목은 무엇인지, 지금까지 절대 놓을 수 없는 한 가지가 무엇인지… '나'를 한발 떨어져 객관적으로 바라보자.

필자도 어린 시절을 떠올려보면 아나운서의 길을 걷게 된 것이 어찌 보면 자연스러운 일인 것도 같다. 어린 시절부터 유난히 나서기를 좋아하는 적극적인 성격이었고, 중·고등학교 시절 공부보다 학교 행사에서 완벽한 분위기를 연출하는 데 일역을 했다. 친하지 않은 친구와도 한 시간만 지나면 남자친구 이야기까지 털어놓게 하는 묘한 재주가 있었다. 사람들을 금방 잘 사귀었고, 친구들 사이에서 인기가 좋은 편이었다. 학과목 중에는 국어와 역사를 좋아했다. 시인인 중학교 국어 선생님의 영향으로 시를 유난히 사랑했고, 밤이면 내 방에서 분위기에 맞는 음악을 틀어놓고 혼자 시 한 편을 멋들어지게 낭송하는 것을 좋아했다. 나이가 들어도 변하지 않는 한 가지는 어디서든, 누구와 만나든 진정한 소통을 원한다는 것이다. 단순한 말을 주고받는 게 아니라 서로 마음을 나누고 싶어 한다. 이런 소통을 이룰 때 정말 행복한 기분이 든다. 아마도 이런 성격과 특성이 나를 자연스레 이 길로 들어서게 한 것 같다.

사실 내 자신이 알고 싶어도 잘 모르는 것들을 가장 가까운 부모, 친구, 형제들은 도리어 이미 알고 있는 경우가 많다. 그들의 도움을 받아 스스로 내가 가야 할 길을 찾아보자.

세 가지 꿈 도표

1지망	2지망	3지망

1년 일정표

1월	2월	3월	4월	5월	6월

7월	8월	9월	10월	11월	12월

mentee 어느 멘티의 꿈 이야기

A는 나랑 오래전에 만난 학생이었다. 반듯한 인상에 모범생 같은 모습. 아나운서가 꿈이라며 여성가족부를 졸라 멘토링을 시작하게 된 학생이었다. 천생 여자 같은 외모와는 달리 어디서 그런 열정이 나왔을까 싶을 정도로 A에게는 적극적인 데가 있었다. 영어와 우리말에 대한 실력이 남달랐고, 다른 친구보다 책임감도 강해 언니처럼 다른 학생들을 챙기기도 했다. 그러던 어느 날, 한 대기업에 취업하게 되어 멘토링을 끝내게 되었다. 나는 내심 아쉬웠다. 인연이 좀 더 이어지길 바랐나 보다. 그래도 그녀는 어디서나 최선을 다하는 훌륭한 직장인이 될 것이라고 믿었다.

그런데 어느 날 전화가 걸려왔다. 건강이 좋지 않아 회사를 그만두게 되었단다. 위로를 해줄 겸 그녀와 나는 음식을 앞에 놓고 앉았다. 그런데 그녀는 내심 방송이 다시 하고 싶은 눈치였다. 그러나 뭔가 속 시원하게 말하지 않는 폼이 마음속에 고민이나 갈등이 있어 보였다. 부모님이 반대를 하시나… 속으로 넘겨짚어봤다. 아나운서를 하겠다고 그렇게 열정을 보이다가 급작스레 취업을 결정한 이유가 그녀의 부모님과 무관하지 않다는 생각이 들었다. 그래서 조심스레 이야기를 꺼냈다.

"지금은 부모님의 기대를 저버리는 것 같아 마음이 아프겠지만, 나중에 네가 원하는 일을 하면서 성장해 나가는 것을 보시면 정말 뿌듯해하실 거야."
그 말을 들은 그녀는 갑자기 눈물을 흘리기 시작했다. 내 추측이 맞다는 생각이 들었다. 속으로는 마음이 아프지만 단호하게 말을 했다.
"네 인생은 바로 네 거야. 너를 아무리 사랑하는 사람일지라도, 그 누구도 널 대신해 살아줄 수 없어. 이런 갈등과 혼란은 잠시 폭풍이 지나가는 거라고 생각하고 견디면 돼."

묵묵히 그녀는 내 말을 듣고만 있었다. 나는 그녀가 잘해낼 수 있을까 싶은 노파심을 떨칠 수가 없었다. 그 만남 이후 한두 번의 연락이 이어진 뒤 그녀는 건강이 악화되어 병원에 입원했고, 연락이 끊겼다.

다른 친구들은 취직을 하고, 결혼을 하고… 그렇게 몇 년의 시간이 흘렀다. 이 책을 쓰고 있던 어느 날, 그녀에게 카톡 메시지가 날아왔다. 유명 어학원의 강사가 되어 있다고, 건강도 많이 좋아졌다고 했다. 사실 나는 그동안 그녀의 연락을 기다렸고, 궁금했다. 메시지를 보자마자 무척 반가웠지만, 왠지 머뭇거려졌다. 그녀를 다시 만나면 어떤 모습일까? 행복해하고 있을까? 마음속에 아직도 열정의 불꽃을 그냥 덮어두고 있을까? 지금 하고 있는 일이 그녀에게 주어진 길일까? 그녀를 만나는 게 두려웠다. 조금 더 두고 보고 싶었다. 만나자는 약속 없이 그녀와 아주 짧은 통화를 했다.

꿈을 지켜낸다는 것, 분명 쉬운 일은 아니다. 자신이 사랑하는 사람의 기대를 저버려야 하는 일은 정말 쉬운 일이 아니다. 두려움과 맞서야 하는 '용기'가 있어야 하고, 세상의 시선과 판단의 폭풍우를 맞으면서도 계속 앞으로 나아갈 수 있는 '강인함'도 필요하다. 정말 섬세하고 여린 심성을 가진 그녀가 그동안 자신의 가슴속 열정과 부모의 기대 속에서 갈등하느라 건강도 나빠지고, 얼마나 힘들었을까 하는 생각이 들었다. 그래서였을까. 그날 나는 산드라 마라이의 《열정》이라는 소설이 떠올랐다. 열정이 우리 삶을 얼마나 힘들게 할 수 있는지….

타인에게 꿈과 순수, 열정만을 강요하는 것은 그 사람을 힘들게 하는 것일지도 모른다는 생각이 조심스럽게 드는 날이었다. 한 사람을 좀 더 깊이 있게 이해하게 된 날이었다.

세 번째 만남 ▶ ▶ ▶

아나운서 직업 전격 탐구

아나운서란
무엇인가

에피소드 하나

오늘은 여러 번 리허설을 한 〈대통령과의 대화〉 생방송이 있는 날이다. 어제 잠을 설쳤다. 긴장한 탓인가? 머리 손질과 화장을 일찌감치 마치고 대본을 다시 보면서 내 역할을 점검한다. 잠시 후 최종 리허설이 있고 생방송이 진행될 것이다. 스튜디오로 들어오란다. 최종 리허설이 시작됐다.

나는 이 프로그램의 객석 인터뷰를 진행해야 한다. 대통령과 메인 MC인 선배들이 스튜디오에 자리한다. 내가 위치한 객석에서 일반인들이 궁금해하는 내용을 잘 전달하면 스튜디오에서 대통령의 대답이 이어질 것이다. 방송 경험이 전무한 일반인들의 인터뷰는 항상 위험성이 깔려 있다. 그래서 최종 리허설에서는 그들이 적어온 질문을 여러 번 연습해 보게 한다.

드디어 방송이 시작되었다. On Air! 이 방송은 공중파 세 개 채널이 동시에 KBS 방송을 받는 날이다. 지상파에서는 모두 KBS 방송만이 나간다는 말이다. 나는 마음을 다잡았다. 숨을 가다듬었다. 시그널 음악이 들리며 아래쪽에 위치한 스튜디오에서 프로그램이 시작되었다.

속으로 이렇게 생각한다. '정신을 바짝 차려야 해. 사람들이 하는 말을 하나도 놓쳐서는 안 돼!'라고. 그렇게 준비를 하고 있는데 드디어 내 순서가 왔다. 준비한 대로 몇 명의 인터뷰가 순조롭게 진행되었다. 다시 스튜디오로 카메라는 넘어갔다. 그리고 잠시 후 다시 내 순서가 되었고, 나는 질문을 하고 싶다는 한 젊은 남성 옆으로 갔다. 그리고 물었다.

"어디에서 오신 누구신가요? 자기소개를 부탁드립니다."

그 사람은 간신히 자신의 이름을 대더니 갑자기 얼굴이 굳어지며 말을 잇지 못했다. 눈동자를 들여다보니 초점이 흐린 것이 너무 긴장해서 아무것도 들리지도 보이지도 않는 상태인 듯했다. 어떻게든 이 사람이 정신을 차리게 해야 할 텐데… 너무 급한 나머지 일단 그 사람의 등을 한 번 쿡 찔러봤다. 움찔해야 하는데 꿈쩍도 하지 않고 그대로 서 있다. '어떡하나… 어쩌지?' 1초가 마치 1분처럼 느껴지는 순간이었다. 이어폰을 통해 프로듀서의 다급한 목소리가 들린다. "어떻게 좀 해봐! 저 사람 왜 말을 안 하는 거

야?" '그러게 말이에요….'

"아, 네, 질문을 하셔야 하는데 어려운 자리고, 방송도 처음이
시니 얼마나 긴장이 되겠습니까? 이제 긴장을 좀 푸시고 편안하
게 질문을 해보시죠."

나긋하고 부드러운 음색으로 다시 질문 기회를 주려 했다. 그런
데 눈빛을 보니 아직도 그대로다. 큰일 났다. 시간은 계속 흐르고
내 머릿속은 온통 '이 사람을 어떻게 마법처럼 깨운다?' 하는 생
각뿐이었다. 주변을 돌아보니, 카메라가 나를 어떻게 잡고 있는지
알 수 있는 모니터가 한 대도 보이지 않았다. 다른 카메라에 방해
가 될까 봐 설치하지 않은 듯했다. '큰일이네.' 내심 무척 당황스
러웠다. 어떻게든 이 사람의 질문을 끌어내야 하는데….

정신을 바짝 차리는 수밖에 없었다. 마지막으로 할 수 있는 모
든 방법을 떠올려봤다. 그 몇 초 동안 한 가지 방법이 떠올랐다.
나는 몇 마디 말을 하면서 그 사람의 손에 마이크를 꼭 쥐여주고
나서 카메라에 보이지 않게 객석 의자 밑으로 몸을 숨겼다. 그러
고는 아까 그 사람이 연습한 질문을 마이크에 소리가 들어가지 않
을 만큼 조용히 불러줬다.

"대통령께서 평소에는 잘 웃으셨는데, 대통령이 되시더니 잘
웃지는 않으시더군요. 한번 웃어봐 주시죠!"

이 말이 들리자 서서히 마법이 풀리듯이 그 사람의 눈빛이 제자

리로 돌아오는 게 보였다. 그러더니 질문을 하기 시작하는 게 아닌가.

"대통령께서… 평소에는… 잘… 웃으셨는데… 대통령이 되시더니… 잘 웃지는 않으시더군요. …한번 웃어봐 주시죠!"

더듬거렸지만 훌륭하게 질문을 했다. 그러자 대통령께서 껄껄 웃으며 "내가 그랬나요? 이제부터는 웃겠습니다"라고 받아주었다. 식은땀이 흐르고 정말 오금이 저린 순간이었다. 내게는 평생 잊을 수 없는 그 질문은, 다음 날 조간신문에 가장 인상적인 질문으로 대서특필되었다.

위기 대처
능력

아나운서가 되어 처음 하게 되는 것이 바로 뉴스다. 뉴스는 언제나 생방이다. KBS2 라디오 뉴스는 3분 30초간 진행되는데 물론 생방송이다. 뉴스도 오독 없이 잘 읽어야 하지만 시간도 칼같이 지켜야 한다. 쉬울 듯해 보이지만 문장을 시간에 맞추어 끊는다는 것은 그리 쉬운 일이 아니다. 여기서 나아가 생방송으로 진행되는 프로그램은 거의 아나운서가 진행한다. 연예인이나 전문가들이 진행하는 프로그램은 안전을 위해 항상 녹화 프로그램으로 진행한다. 그만큼 아나운서들에게는 생방송의 위기 대처 능력이 중요한 진행 능력의 하나가 된다.

방송은 오디오, 조명, 세트, 진행자, 패널, 소품, 시간 등 여러 가지 변수가 있는데, 하나라도 잘못되면 멈추어야 한다. 간혹 생방송 중에 조명이 과열되어 터지기도 하고, 패널과 진행자의 목에 먼지가 걸리는 경우도 있다. 또 카메라 앞을 누군가가 무의식적으로 지나가기도 하고, 미리 준비해야 할 소품을 잊어버리는 경우도 있다. 게다가 아나운서들은 일반인들이 출연하는 프로그램을 진행하는 경우가 많다. 방송 경험이 없는 일반인들이 저지르는 실수, 앞서의 사례처럼 나타날 수 있는 카메라 공포증까지도 대처해야 하는 것이다.

이런 문제들을 직면했을 때 풀어갈 수 있는 방법은 '담대함'과 '지혜'가 아닐까. '호랑이한테 물려가도 정신만 차리면 살아남을 수 있다'는 말처럼 위기 상황에서도 정신을 잃지 않는 '위기 대처 능력'은 정말 중요한 능력이다. 아나운서들에게는 필수 조건의 하나인 셈이다.

녹화에 들어가기 전 모든 준비는 끝났다. 나는 오늘 녹화할 〈한국 한국인〉의 패널이 기다리고 있는 곳에 도착했다. 문을 열고 들어가는 순간부터 우리의 만남은 시작된다. 오늘의 출연자는 이세돌 9단. 〈한국 한국인〉은 일대일 인터뷰 프로그램이라 서로 도망갈 데가 없는 링 위에서의 만남과 같다. 그래서 호감과 편안함으로 문을 열게 되면 한없이 잘 풀리고, 아니면 한없이 꼬이는 게 일대일 인터뷰의 특징이다.

조심스레 문을 열었다. 이세돌 9단과 눈이 마주쳤다. 뭔가 순수한 눈빛이다. 잘 풀릴 것 같다는 느낌이 든다. 한두 마디 인사를 나누고 차를 한 잔 같이 마시며 대본 내용에 대한 점검을 한다. 불편하거나 거슬리는 것은 없는지 확인한다. 이제 녹화를 하러 스튜디오로 옮긴다. 조명이 환하게 켜져 있다. 이세돌 9단과 나는 스튜디오 자리에 앉는다. 녹화가 시작되었다. 우리의 대화도 시작된다. 이세돌 9단의 대답이 짧게 이어진다. 아직은 편치 않다는 뜻일 거다. 이럴 때는 그 사람이 가장 자신 있는 분야인 바둑 이야기로 가능한 한 빨리 들어가는 게 좋다. 바둑 이야기가 시작되니, 역시 이야기를 하는 그의 눈빛이 강렬해진다. 동작도 커진다.

바둑을 어떻게 시작했는지를 물어봤다. 바둑을 좋아하던 아버지가 자녀들에게 모두 바둑을 가르쳤단다. 물론 이세돌 9단에게 미친 영향도 컸다고 한다.

"아버지는 이렇게 말씀하셨지요. 바둑은 예술이라고요. 둘이 만들어가는 하나의 작품이라고. 그래서 모방이 중요한 게 아니라고 하셨지요. 자신만의 생각을 담은 수를 두라고 강조하셨어요."

이 이야기를 하는 이세돌 9단의 표정은 정말 진지하고 단호했다. 나는 속으로 생각했다. '바둑을 예술로 본다면, 남과 같은 길을 가지 않는다는 것이다. 얼마나 외롭고 힘들지 모르는 길을 선택했다는 건데….' 나는 그렇다면 프로 입단을 한 후 학교는 언제까지 다녔는지를 물었다. 그는 이렇게 대답했다.

"프로 입단 후, 어렸기 때문에… 그리고 예민해서… 스트레스를 견디다 못해… 실어증까지 겪었습니다… 그래서 학업을 병행하지 못했지요."

그의 고통이 느껴졌다. 프로 입단이라는 무서운 승부의 세계로 뛰어든 아이…. 얼마나 힘들고 고통스러웠으면 말을 잃게 되었을까…. 그 아프고 힘든 기억을 여기서 이렇게 꺼내주다니…. 듣고 있자니 마음이 많이 아팠다.

"그러면 프로 입단 후 언제가 가장 힘들었나요?"

그는 천천히 얘기를 꺼냈다.

"아버지가 투병 생활을 하시다 돌아가셨어요. 지금도 가장 후회되는 것은 저의 좋은 모습을 아버지께서 못 보시고 가셨다는 거지요. 그 당시에 제가 놀기도 많이 놀았거든요. …좀 더 좋은 모습을 더 보여드릴걸….”

그의 목소리가 떨리기 시작하며 잠겨갔다.

“그때부터 오기, 독기 같은 게 생겼어요. 그러니 바둑이 발전하고 성적이 나오기 시작하더라고요.”

그는 이 이야기를 하면서 아버지가 돌아가신 그날의 그 순간으로 잠시 갔다 왔을 것이다. 그 아프고 저미는 순간으로…. 내 눈가가 촉촉해졌다. 그가 지금 이렇게 우뚝 서 있을 수 있는 강인함이 바로 아버지의 죽음을 딛고 얻은 것일지도 모른다는 생각이 들었다. 그 스튜디오에는 그와 나만이 있었고, 내 눈에 그의 모습만이 커다랗게 보였다.

공감과
집중력

전 세계 아나운서들이 꼽는 가장 중요한 아나운서의 자질 중 하나가 바로 ‘공감’이다. 그렇다면 ‘공감’이라는 것은 어떻게 이뤄낼 수 있을까?

공감에 대한 이야기를 하기에 앞서 진행자의 역할을 먼저 생각해 보자. 진행자란 어떤 역할을 하는 사람인가. 아나운서 선배인 김동건 아나운서는 진행자를 '다리bridge'에 비유한다. 시청자와 초대 손님을 연결하는 다리. 초대 손님에 따라 큰 다리가 되기도, 아주 좁고 작은 다리가 되기도 해야 한다. 그렇다면 '다리'의 역할이란 무엇인가? 한쪽과 다른 한쪽을 연결해 주는 것. 서로가 이곳을 통해서만 만날 수 있는 공간. 다리가 없다면 이들은 서로 만나고 소통할 수 없지만, 다리가 그들보다 더 중요한 존재로 부각될 수는 없다. 그들의 만남과 소통 아래에서는 다리의 존재는 조용해지는 법이다. 이런 다리의 존재처럼 진행자의 존재 또한 그래야 한다는 것이다. 공감한다. 없어서는 안 되지만 지나치게 드러나지 않는 존재. 그래서 김동건 선배는 아나운서들이 지나치게 자신을 드러내서는 안 된다고 늘 말한다.

'공감'을 이끌어내는 데 있어서도 우리들의 존재는 이와 비슷하다. 그렇다면 공감이란 무엇인가. 남의 감정, 의견, 주장 따위에 대하여 자기도 그렇다고 느낌. 또는 그렇게 느끼는 기분을 말한다. 이렇게 생각하고 느끼기 위해서 진행자는 어떻게 해야 할까.

먼저 내가 마음의 문을 열고 상대를 받아들여야 한다. 그리고 그 사람이 하고 싶은 말을 다 할 수 있도록 편견 없이 들어주어야 한다. 이것은 많은 사람들이 하듯이 내가 듣고 싶은 이야기만을 듣는 것이 아니라, 말하는 사람이 하고 싶은 이야기를 들어야 하는 것이기에 평소보다도 이야기를 듣는 '집중력'이 더 필요하다. 인터뷰에 빠져 있다 보면 어느덧 초대 손님과 나만이 그 공간에 존재하는 느낌을 받는다. 그 사람의 이야기가 실타래처럼 풀려나오다 보면 내 역할은 서서히 작아진다. 나는 단지 이야기를 듣고 응수만 할 뿐이다. 그 사람이 스스로 이야기를 끌고 나간다. 이렇듯 진정한 공감을 이루어가는 과정에서도 진행자의 존재가 드러나지 않을수록 공감이 잘 이루어지고 있다는 증거가 된다.

한때 진행자로서 재미있는 이야기가 많은 방송을 만들어보고 싶은 욕심에, 상대의 이야기를 인위적으로 끌어내려고 한 적도 있었다. 미리 연구를 해서 이야기의 흐름을 정하고, 감정의 흐름에 따른 순서도 정해보고…. 그러나 거의 생각한 대로 대화는 이어지지 않았다. 대화는 '살아 움직이는 생물' 같은 것이어서 누구와, 어떻게, 어떤 분위기에서 이야기하느냐에 따라 완전히 그 모습을 달리하기 때문이다. 그러니 누구와 어떤 분위기로 앉아 있느냐에 따라 말하고 싶기도 하고, 내키지 않을 수도 있지 않겠는가.

이런 사실을 깨달을 때까지 정말 수없는 시행착오를 거쳤다. 그러고 나서 진정한 공감을 하기 위해 나는 출연자들의 친구가 되기로 했다. 그들에 대해 애정을 가지고, 그들의 이야기를 진정 듣고 싶어질 때까지 자료를 읽고, 그들을 상상하고, 만나기를 기대했다. 이런 마음을 가지니 이야기가 정말 잘 풀렸다. 그제야 그 어떤 계산과 기술도 진심을 따라갈 수는 없다는 것을 깨달았다. 공감이란 아나운서로 살아가는 데, 한 아나운서로서 자리매김을 하는 데 있어서 가장 중요한 자질이다.

에피소드 셋

내가 리포터로 처음 나간 프로그램은 아침 종합 매거진 프로그램이다. 〈생방송 좋은 아침〉이었나? 제목이 자주 바뀌다 보니 프로그램의 정확한 이름은 기억을 못 하겠다. 아무튼 전날 직접 취재한 내용을 들고 출연해 진행자의 질문에 대답하며 내용을 전하는 코너였다. 나는 경제 관련 아이템을 취재하고 다녔다. 그날도 용어가 입에 잘 붙지 않아 중얼거리며 외우고 있었다.

그런데 대기실에 있는 모니터에서 진행자인 선배 아나운서의 목소리가 감미롭게 들렸다. 고개를 들어 모니터 화면을 보니 청명하게 맑은 가을 하늘 아래로 색이 변해가는 잎들이 살랑살랑 흔들리고 있었다. 갑자기 아침이 매우 기분 좋게, 행복하게 다가왔다. 그날 그 순간을 잊지 못한다. 한 명의 시청자로서 지켜본 화면. 그 아름다운 하늘과 자연을 그 선배 아나운서는 그냥 상투적으로 묘사하지 않았다. 그냥 하늘이 파랗고 잎이 노랗다는 식상한 표현을 쓰지도 않았다. 과하지 않은 수식. 나는 입이 쩍 벌어졌다. 영상

매체인 텔레비전에서는 때로는 저렇게 '형용사'를 잘 구사하는 것도 필요하구나….

사실 그날 이후 나는 소설책을 펼쳐 들었다. 아름다운 구절들을 하나씩 찾아가기 시작했다. 그해부터 나의 노트는 여러 가지 표현들로 깨알같이 채워졌다. 그날 이후 지금까지 나는 적확하고 아름다운 표현을 구사하는 아나운서가 되고자 노력하고 있다.

2년 동안의 휴직 기간에 나는 아나운서라는 직업 탓인지 미국에서도 공영 라디오 방송, NPR을 즐겨 들었다. 나이가 든 진행자들이었지만, 문화예술 분야의 해박한 지식과 함께 악기의 선율 같은 낭랑한 영어 발음 덕에 내게 영어를 아름다운 언어로 느끼게 해주었다. 클래식 음악, 재즈, 문학과 함께하는 시간들은 매우 행복한 순간이었다. 특히 일요일 아침 고령의 할아버지 진행자의 구수하고 흑백영화처럼 로맨틱한 진행은 나를 행복으로 이끌었다. 재즈 음악을 끝까지 듣기 위해 차에서 내리지 못한 순간이 얼마나 되던가. 그 고령의 진행자는 음악이 끝나고 나면 길고 장황하지 않은 몇 마디로 음악의 느낌을 잘 전했다. 그 방송을 들으면서 짧고 간결한 표현도 얼마나 아름다울 수 있는지, 그동안 길고 장황했던 나의 표현들이 부끄러워졌다.

진정한 말의 아름다움… 그것을 배워보고 싶었다.

언어
감각

아나운서에게 사실 이것은 필수 요소다. 물론 구어가 문어와는 다르지만, 생방송으로 진행되는 수많은 프로그램에서 진행자가 사용하는 언어는 그 사람을 보여준다. 아나운서라는 직업을 준 연예인으로 생각하는 사람들이 많다 할지라도 어느 진행자도 이 능력으로부터 자유로울 수는 없다. 아나운서를 단지 한두 해 할 생각이 아니라면 이 능력은 반드시 갖추어야 한다.

우리말을 쓰다 보면 느끼게 되는 점 중에 하나가 주어와 동사와의 거리가 멀어, 자칫 문장이 길어지면 주어와 동사의 호응이 어긋날 수 있다는 것이다. 이야기도 길어지다 보면 삼천포로 빠지듯이 말이다. 그러나 주어와 동사가 맞지 않으면 왠지 듣기가 어색해진다. 예민한 사람들은 단 한 번이라도 바로 느낀다.

말을 할 때만이 문제가 아니다. 읽을 때는 주어와 동사를 바로 찾지 못해 불필요한 데를 끊어 읽는 실수를 범한다. 물론 구어가 문어처럼 완벽한 문법을 구사하는 것은 아닐지라도 듣기 불편하지는 않아야 한다.

녹화 방송은 그래도 상황이 나은 편이다. 고쳐서 말을 할 수도 있고 심리적인 여유가 있어 덜 틀리게 된다. 하지만 생방송의 경우는 아무래도 심리적인 긴장이 더 있는 상태이므로 자신이 가진 어휘력의 문제점이나 문법적인 문제들이 적나라하게 드러난다. 아무리 대본을 다 외워서 한다 해도 순간순간 애드리브가 필요할 때는 어쩔 수 없이 자신이 가진 언어적 한계가 노출되고 만다.

다양한 어휘 구사, 단어의 선택과 문장을 만들어가는 방식, 자신만의 화법 등이 아나운서의 가장 기본 요소다. 이런 언어적 감각은 면접에서도 쉽게 노출되는 자질이다. 목소리, 발음과 더불어 짧은 어휘력은 면접에서 단계를 올라가면서 문제가 될 수 있다.

대부분 언어 감각은 타고난다고들 하지만, 나는 그렇다고만 생각하지 않는다. 언어야말로 공부 없이는 정체되고 만다. 아나운서도 시청자들이 바라보는 가운데 나이가 들어간다. 풀어 말하자면, 우리가 평소에 20대를 볼 때와 30대, 40대, 50대를 볼 때 기대하는 만큼 자신의 나이에 맞는 어휘와 언어를 구사해야 한다는 것이다. 더욱 성숙하고 어른스러운 표현을 구사할 수 있어야 한다. 물론 사회에 대한 관심, 세상에 대한 관심, 인간에 대한 깊은 관심이 있다면 자연스레 언어의 폭도 넓어질 수 있겠지만, 이것도 분명 노력의 하나다. 여기서 더 나아가 많이 읽고, 많이 생각해 보고, 많이 써보는 노력이 없이는 나이에 걸맞은 진행자로 성장하기가 어렵다. 언어의 감각을 벼리기 위해 할 수 있는 방법들은 뒤에서 구체적으로 살펴보자.

끼, 깡, 꾀,
꿈, 꼴, 꾼

〈주부, 세상을 말하자〉를 진행할 때 교육 특집을 준비하기 위해 열심히 읽은 책이 바로 교육공학자인 조벽 교수의 《나는 대한민국의 교사다》라는 책이다. 이 책의 뒷부분에 '한국인이 성공하기 위한 요소'가 빼곡히 적혀 있었다. 재미있게 읽고 나니 뭔가 여운이 남았다. 마치 아나운서를 염두에 두고 쓴 듯했다. 다시 읽어보니 옳거니 무릎을 칠 만했다. 수첩을 꺼내 들고 바로 옮겨 적었다. 그리고 아나운서 신입사원 교육을 할 때마다 이 자료를 인용하고 있다. 그 내용들을 하나씩 같이 들여다보자.

그 첫 번째가 '끼'다. '끼' 하면 요즘은 흔히 '색기'를 떠올린다. 그러나 사실 이 어휘의 정확한 의미는 '연예에 관한 재능이나 소질'을 말하며, 더 정확한 사전적 의미는 '무대에 서는 예능적인 재능이나 재주인 技기'를 말한다. 실제로 방송 현장에서는 방송의 테크닉技을 빨리 받아들이고 배우는 재주가 두드러진 사람들이 분명 있다. 이들을 '끼', '기技'가 있다고 말한다. 무대에 서야 하는 아나운서에게 필요한 '재능'이자 중요한 '자질'이다.

두 번째 항목은 '깡'이다. '악착같이 버티어나가는 오기'. 무대

68

에 선다는 것은 누구에게나 두려운 일이다. 거기에 방송에서 만나는 사람들은 한 분야의 대가들. 그러나 어떤 자리, 어떤 만남에서건 진행자는 주눅이 들어서는 안 된다. 더 나아가 방송에서는 내가 전문가라는 자신감이 있어야 한다. 방송 전체를 책임지고 나아가려는 '카리스마', '배짱'이 있어야 한다. 방송을 하면서 '깡'이 없이 어찌 당당함, 자신감, 여유를 보여줄 수 있을까. 나는 늘 내 자신이 '시청자의 대변인'이라는 담대함, 방송을 통해 내 자신의 이익을 추구하지 않겠다는 '사사로움이 없는 마음'을 가질 때 더욱 당당하고 자신감이 넘치는 방송을 할 수 있었다.

세 번째는 '꾀'. 사전적으로는 '일을 잘 꾸며내거나 해결해 내거나 하는, 묘한 생각이나 수단'의 의미. 방송에서의 '꾀'란 무엇일까. 두뇌와 연관된 '지식, 지혜이자 창의력'이 아닐까. 프로그램의 내용 파악에서부터 전문적인 지식, 한 인간으로서의 삶의 지혜, 그리고 방송인으로서 시대를 호흡하며 시대가 요구하는 것을 읽어 조금 앞서 그것을 이야기하고 보여주는 안목. 그래서 새로운 프로그램, 새로운 시각을 가진 프로그램을 만들어가는 창의력을 가져야 한다는 것 아닐까.

네 번째는 '꿈'. 아나운서가 되었다고 해서 모든 꿈을 이루었다고 생각해서는 안 된다. 고도원 작가의 말처럼 '꿈 너머 꿈'을 더 가져야 한다. 아나운서가 되었다면, 다음으로 '어떤 아나운서'가 될 것인지, 그래서 방송에서 '어떤 역할'을 하고 싶은지를 차근차근 생각하고 계속 꿈꾸어야 한다는 말이다.

우리는 꿈꾸기를 멈추어서는 안 된다. 방송인으로서 이 사회에 하고 싶은 말이 계속 있어야 한다. 나는 〈주부, 세상을 말하자〉를 진행하면서 여성으로서, 엄마로서 꿈꾸는 게 많았다. 여성들이 당당하게 자신의 목소리를 낼 수 있어 삶에서의 자신감을 회복하기를 바랐고, 아이들의 문제를 제대로 들여다봐서 아이들의 삶이 바로 설 수 있고, 서로가 행복할 수 있는 길을 찾기를 바랐다.

이뿐만이 아니다. 〈즐거운 책 읽기〉를 진행하면서는 한 권의 책을 가지고 나누는 전문가들의 대화 속에서 삶을 살아가는 지혜와 더불어 자신의 삶을 변화시킬 감동적인 한마디를 건져가기를 바랐다. 또한 책을 통해 타인에 대한 이해와 공감을 회복하기를 희망했다. 프로그램을 진행하는 내내 시청자들에게 뭔가 전해주고픈 이야기가 있었고, 그 목소리가 작고 보잘것없을지라도 단 한 명의 가슴에 파문을 일으킬 수 있다면 그것으로도 성공이라고 믿었다.

아나운서는 어떤 프로그램을 진행하든지 늘 전해주고픈 꿈을 지녀야 한다. '꿈'이 없다면 우리가 하는 말이 무슨 의미를 지니겠는가. '꿈'을 꾸는 아나운서가 되어야 한다.

다섯 번째는 '꼴'이다. 사람의 모양새나 행태로 인품, 인간성, 사람됨을 일컫는 말이다. 아나운서들은 자신이라는 창을 통해 프로그램의 내용을 전달한다. 말 한마디에서, 표정 하나에서, 몸짓 하나에서, 반응 하나에서 우리의 본심이 그대로 노출된다. 어느 한 사람을 짧은 시간 속일 수는 있어도 많은 사람을 긴 시간 속일 수는 없다. 아나운서가 하는 말을 믿느냐 안 믿느냐는 바로 그 사람의 인간 됨됨이에서 비롯된다. '신뢰'는 잃기는 쉬워도 얻기는 어렵다는 사실을 명심하자.

'꼴'로 이야기되는 '인간 됨됨이'는 별로 큰 의미가 없을 듯싶지만 사실은 가장 치명적이고 결정적인 요소가 될 수 있다. 아나운서이기 전에 우리는 한 인간이다. 부족함이 많은 인간인 것이다. 그래서 부단하게 더 나아지기 위해 노력해야 하는지도 모른다. 한 인간으로서 나를 돌아보는 일을 게을리해서는 안 된다.

마지막으로 '꾼'이 되어야 한다는 것. 방송을 할 때 아마추어가 아니라 '프로의 자세'를 가져야 한다는 말이다. 프로란 어떤 일을 전문으로 하거나 그런 지식이나 기술을 가진 사람을 말한다. 이처럼 자신의 분야에 지식이나 기술을 가지려면 늘 공부하고 연구하며 노력해야 한다. 큰 노력 없이 요행히 성공을 이루었다면 그 성공은 언제든 허물어질지 모른다는 것을 알고 두려워할 줄 알아야 한다. 인생은 하루하루가 쌓여 그대로 이루어지는 매우 진실한 것이다.

아나운서에게 요구되는 자질을 모두 나열하자면 끝이 없겠지만 반드시 필요한, 기본이 되는 몇 가지를 적어보았다. 아나운서라는 직업이 과연 무엇인지, 어떤 사람이 이 직업을 수행하기에 적합한지 한번 점검해 보라는 취지에서다. 비주얼의 시대에 왜 외모에 대한 이야기는 하지 않느냐고 물을 수도 있다. 하지만 아나운서를 미스코리아 선발처럼 외모순으로 뽑는 것은 아니라는 점, 그리고 20여 년의 방송 경험을 통해서 볼 때 진행자에게는 단순히 예쁘다는 사실보다는 '호감을 주는 인상'이 훨씬 중요하다는 것을 알아야 한다. 뒤에서 이에 대한 자세한 설명을 하겠다.

또 하나 잊지 말아야 할 중요한 것은 앞에서 언급한 아나운서의 자질들 대부분은 사설 학원 등에서 '일정 기간 동안' 배울 수 있는 것이 아니라는 점이다. 그럼 어디에서 배울 수 있다는 말인가. 이것은 '삶'이란 엄혹한 현실에서 배울 수 있다. '위기 대처 능력'이란 것은 어떠한 힘든 상황에서도 피하지 않고 정면으로 문제를 풀어가려는 고도의 집중력에서 나오고, '공감'이란 사람을 진실로 받아들이려는 '인간에 대한 무한한 애정'에서 나오며, 방송에서 구사하는 '언어'는 그 사람이 지금까지 읽고 쓰고 말하고 들은 것들이 고스란히 축적되어 나오는 적나라한 결과이기 때문이다.

그러니 어린 시절부터 '타인에 대한 감수성'을 키우지 않고 어찌 진정한 공감을 이루어갈 수 있으며, 고난과 고통 속에서도 좌절하지 않고 '극복해 온 경험'이 있지 않고서야 어떻게 다른 위기 속에서 자신을 믿고 담대하게 문제를 헤쳐나갈 수 있을까. 이런 것들이 어떻게 한 달 만에, 단지 몇 번의 강의로 만들어질 수 있겠는가. 이런 능력은 삶의 치열한 현장에서 진한 체험을 통해 얻어야 하는 것이다. 그러니 도리어 아나운서가 되기 위해 삶을 어떻게 살아가야 할지를 고민해 봐야 하지 않을까. 진정한 방송인, 진정한 아나운서가 되기 위해 지금 이 순간부터 학원 등을 전전할 것이 아니라 삶을 더 치열하게 살기 위한 정면승부를 하기 바란다.

장기범 아나운서는 1960~1980년대 활약한 아나운서로, 후배 아나운서들이 가장 존경하는 아나운서 중 한 사람이다.

"방송은 곧 사람이다."
그는 방송을 하는 사람이 훌륭해야 알찬 메시지가 전해진다고 믿었다.

"방송은 무한대의 범위 아닙니까? 일정한 카테고리가 없는 광범한 지식을 요하는 만큼 여기 종사하는 사람은 먼저 넓은 지식과 깊은 인간 수양이 있어야 하겠지요. 그러기 위해서는 무엇보다도 부단히 정진하고 노력하는 인간, 전체 인격을 구비한 인간이 되어야 합니다. 이것이 나의 신념입니다."

"아나운서의 영토를 향해 쏠 여러분의 로켓은 제1단계, 제2단계, 제3단계 모두 열망이라는 원료로 채우십시오. 아나운서가 되려는 목표, 그리고 더 나아가서는 제일가는 아나운서가 되려는 궁극의 목표에 도달 여부는 그 열망의 강도에 달려 있다고 할 것입니다."

"미국을 비롯해 각국의 아나운서들은 그야말로 백발의 할아버지들이었습니다. 그 사람들은 수십 년씩의 경험을 가지고 있는 것입니다. 모든 일이 그러하겠으나 역시 이 방송도 수십 년의 공부와 훈련과 인내와 경험이 필요할 것으로 생각했습니다. 그 허연 영감님들 앞에 섰을 때 머리가 수그러졌고 자신의 미약함을 뼈저리게 느꼈습니다."

"아나운서는 첫째, 훌륭한 인간이어야 하고,
둘째, 모든 사물에 대한 개념의 부자여야 하며,
셋째, 언어 생활의 리더여야 한다고 생각했다."

"아나운서란 매체다. 국가의 원수에서 걸인에 이르기까지 여러 계층의 이
야기를 매개해 오는 일이다."

"말을 한다는 것처럼 어려운 일은 없었다. 그것은 보다 깊은 탐구와 오랜
사색과 진실에 대한 끊임없는 추구와 과정에서만 가능하기 때문이다."

네 번째 만남 ▸ ▸ ▸

아나운서가 되기 위한
구체적인 스텝 밟기

아나운서라는 꿈을 찾는 길이 힘들었는가? 과연 내 꿈이 맞는지, 내가 정말 이 길로 들어서야 하는지 '혼란'과 '갈등' 속에서 자신의 내면의 소리에 귀 기울이는 것, 내 자신을 차분하게 들여다보는 것은 그리 쉬운 일이 아니었을 것이다. 그렇다면 이제부터 실제적인 방법을 배우는 길은 어떨까?

한 작가에게 들은 말이 이 순간 떠오른다.

"오늘 글이 안 써진다면 어떻게 해야 할 것인가? 쉬어야 하나, 써야 하나? 의자를 더욱 바짝 당겨 앉아라. 그리고 써라. 다 써놓은 글을 다 버리게 되더라도."

바로 이런 자세가 이제부터 필요하다. 하루 연습했다고 얼마나 전과 달라지겠는가? 그렇다고 해야 할 것인가, 말 것인가? 앞서 듣지 않았는가. 설사 시행착오를 겪게 되더라도 도망가거나 피하지 마라. 다시 자리에 앉아라. 오늘이 쌓이고 하루하루가 쌓여야 제대로 된 아나운서가 될 수 있다. 오늘이 없는 내일은 있을 수 없다. 계단을 올라가듯 한 계단 한 계단 차분히 올라가는 것이다. 한 계단 한 계단, 건너뛰지 말고 차근차근 밟으며 올라가야 한다.

아나운서가 되기 위한 실전 스텝은 내 자신의 '성실성', '인내심', '끈기'와의 정면 승부의 순간이다. 하루, 일주일, 한 달을 어떤 고민을 가지고, 어떤 마음가짐으로 더 나아지려고 노력하느냐에 따라 결과는 달라진다. 이제부터는 게으름을 피우거나 내일로 미루려는 내 자신의 초라함과 대면해야 한다.

방송 20년이 넘은 이 순간에도 방송을 앞두고서 늘 내 자신에게 이렇게 외친다.

"방송에서 만나는 이 순간은 두 번 다시 오지 않는다. 이 사람을, 이 감정을, 이 말들을 두 번 다시 대면할 수 없다."

그러니 허투루 대충 준비하거나 넘어가서는 안 된다고 내 자신을 다잡는다. 방송을 처음 시작하는 그 순간처럼 오직 단 한 번인 이 순간의 설렘을 놓치지 말자는 것이다. 그래야 방송을 늘 사랑하며 일할 수 있을 것이다.

아나운서를 시작하며 선배들에게 받은 신입사원 교육, 방송 초기 선배들을 따라다니며 배웠던 뉴스 과외, 그 후 내 스스로 터득하고 만들어낸 공부법들을 멘토링하는 학생들에게 전한 순서대로 여기에 나열해 보려 한다. 쉽게 이해하고 넘어갈 수 있는 단계가 있는가 하면 그렇지 않은 단계도 있을 것이다. 한 단계에서 한동안 멈춰 서 있다면 잠시 접어두고 다음으로 지나가보자. 그리고 다시 돌아오자. 시간이 지나야 이해되는 내용도 있을 것이다. 그리고 한 단계, 한 단계 공부를 하면서 자기만의 방식이 떠오른다면 그냥 스쳐가게 두지 말고 기록해 두자. 이런 아이디어들이 모인다면 더 좋은 '나만의 아나운서 이론서'가 될 것이다. '나만의 방식, 아이디어' 등이 모여 '나만의 방송'으로 구체화되는 것이다.

자, 준비가 되었나. 의자를 당겨 앉으며 내 자신을 다잡아라. 그리고 첫 장을 보자.

기초 공사 :
우리말 공부도 외국어 공부하듯이 하라

우리는 날 때부터 한국어를 써왔다. 그래서 자연스럽게 우리말을 구사한다. 이런 상황에서 무슨 공부가 더 필요한가 싶다. 그러다 보니 영어나 다른 외국어를 공부하는 데만 시간을 쏟아붓고 있다. 막상 우리말 공부는 제대로 해본 적이 없다. 솔직히 나도 아나운서가 되기 전에는 이런 사람 중 하나였다.

돌이켜보니 얼굴이 화끈거린다. 이 얼마나 오만한 생각인가. 우리말을 제대로 잘 구사해 보겠다는 의지가 없었던 것이다. 아나운서가 되어 나의 우리말 수준을 들여다보니, 그동안 공부 안 해온 것이 그대로 드러나고, 제대로 공부하자니 정말 공부할 게 끝도 없다는 생각이 들었다. 발음만이 아니라 어휘력, 문법 등등. 부족한 부분이 얼마나 많은지. 이런 탓으로 내 아이는 우리말에 대한 기초 없이 다른 언어, 특히 영어 공부를 못 하게 했다.

'한 인간의 창의성은 그가 할 수 있는 언어의 개수와는 무관하고 그가 구사하는 언어의 깊이와 연결되어 있다'고 하지 않던가. 그렇다. 언어의 깊이는 바로 그 사람의 사고의 깊이다. 모든 사고는 언어라는 틀을 벗어나기 어렵다. 그러니 두말할 것 없이 언어교육은 제대로, 깊이 있게 진행되어야 한다.

요즘 아나운서가 되는 것을 스타나 준연예인이 되는 것으로 생각하지만, 막상 방송 일을 해보면 '우리말'의 벽을 넘지 않고는 달리 길이 없다는 사실을 알게 될 것이다. 모든 방송은 '말'로 이루어지는 것 아닌가. 말을 하고 듣고, 말할 내용을 생각해서 정리하고, 설명하고, 이해하는… '말', '언어'가 중심에 놓이는 직업. 그래서 외국의 경우, 다른 전공에 비해 저널리즘 스쿨에서 어학 성적을 가장 중시하는 편이다. 이유는 분명하다. 언론인은 그 나라 언어와 문화의 수문장이기 때문이다.

자, 그렇다면 아나운서로서 '우리말' 공부는 어떻게 할 수 있을까? 이제부터 하나씩 그 방법을 찾아보자.

언어의 네 바퀴 :
읽기, 듣기, 말하기, 쓰기

언어란 참 비슷해서 영어를 배우는 과정을 곰곰이 생각해 보면, 우리말 공부를 어떻게 해야 할지 방법을 찾기 쉬워진다. 나는 언어 공부의 방법을 흔히 이렇게 비유하기를 좋아한다. '언어는 네 개의 바퀴가 동시에 돌아갈 때 앞으로 나가는 4륜 자동차다.' 4륜 자동차는 네 개의 바퀴가 동시에 다 돌고 있어야 앞으로 나갈 수 있는 자동차다. 이 말은 네 개의 바퀴 중 어느 하나도 소홀히 할 수 없고, 서로가 연결되어 있다는 뜻이기도 하다.

이 네 개의 바퀴 중에서 아나운서는 '말하기'와 '듣기'라는 바퀴를 주로 쓰고, 신문기자 등은 '읽기'와 '쓰기'의 바퀴를 주로 돌린다. 그런데 사람들은 말을 잘하는 것은 타고나는 것이고, 글을 잘 쓰는 것은 재능과 노력을 겸비해야 한다고 생각한다. 그러면서 말을 잘하기 위해 어떤 노력도 하지 않는다. 과연 그럴까? 필자의 경험에 따르면, '말하기', '쓰기' 모두 언어적 재능을 타고난 사람이 유리한 것은 사실이지만 그 능력 못지않게 '노력'도 매우 중요하다.

영어 공부를 할 때를 한번 떠올려보자. 영어로 말하고 들을 때 자신이 관심이 있거나 잘 아는 분야에 관한 내용은 잘 들리고 말하기가 쉽다. 왜 그럴까? 잘 알거나 관심이 있다는 것은 그 분야에 관련 지식이 많으며, 이미 그 분야에 대한 전문 어휘들을 숙지하고 있으니 당연히 잘 이해하고 할 말이 많아지는 것 아니겠는가. 그렇다면 어떻게 해야 이런 수준에 도달할 수 있을까? 얼마나 많은 시간과 열정을 쏟아 그 분야를 체험했느냐에 달렸지만, 간접적으로 이런 수준에 도달하려면 한 분야의 책을 많이 읽으면 된다. 다시 말해서 독서, 즉 '읽기'가 '말하기', '듣기'의 능력을 향상시키는 데 연관성이 있다는 것이다. 그러니 '말하기', '듣기'가 타고난 것이라 여겨 노력을 거두어서는 안 된다.

여기서 한 가지 더 들여다볼 것이 있다. 언어의 네 바퀴는 둘씩 서로 마주 보고 있다. '읽기'와 비슷한 것이 '듣기'다. 읽기와 듣기는, 모두 밖에서 안으로 뭔가를 집어넣는input 과정이다. 그렇다면 '쓰기'와 비슷한 것은 무엇일까. '말하기'다. 쓰기와 말하기는, 안에서 뭔가를 끄집어내는output 과정이다. 이렇게 마주 보고 있는 두 바퀴는 밀접한 연관성을 가진다.

먼저 마주 보는 두 바퀴인 '읽기'와 '듣기'를 들여다보자. 책을 읽으면, 우리는 저자의 생각과 감정을 알게 된다. 듣기도 비슷하다. 타인의 말을 들으면, 우리는 상대의 가치관과 감정을 느끼게 된다. 잘 읽고 잘 듣는다는 건 무척 중요하다. 특히 아나운서라는 직업은 이 '듣기' 능력을 가장 필요로 한다. 심지어 방송에서는 듣기가 80~90%고, 말하기는 10~20%라고 표현할 정도다. 그만큼 '듣기'가 방송의 내용을 좌우한다는 말이다. 긴장한 상태에서, 대본을 따라가야 하는 상황에서 '제대로 듣는다는 것'을 상상해보라. 그리 녹록한 일이 아니다. 게다가 방송 환경이란 주변에 다른 상황이 계속 벌어져서 이 듣는 행위를 방해받기 십상이다. 그러다 보니 어려운 방송일수록 내용을 잘 듣지 못하고 놓치는 진행자들이 많다. 그러나 제대로 듣고, 제대로 반응을 해야 시청자나 청취자가 따라올 수 있다. 무엇보다 제대로 들어야 제대로 된 질문을 할 수 있다. 그래야 대화가 자연스럽게 이어진다.

방송 환경 속에서 '제대로 듣기'는 고도의 집중력을 요하는 어려운 일이다. 본인의 경험을 통해 볼 때, 방송에서 '듣기' 능력을 향상시키는 것은 '읽기'와 밀접한 연관성이 있다. 꾸준히 독서를 하다 보니, 빠른 시간에 책을 읽더라도 핵심적인 내용을 제대로 간파하고, 저자가 의도하는 바를 책의 행간에서 잘 찾아내게 되었다. 이런 읽기 능력은 듣기로 연결되어 화자가 전하고 싶은 내용의 핵심을 쉽게 풀어 전달하거나 의도를 파악하는 데 어려움이 없었다. 이렇게 '읽기'는 '듣기'를 향상시키는 토대인 것이다.

그렇다면 이번에는 '말하기'와 '쓰기'를 들여다보자. 이 두 분야는 그동안 얼마나 많은 양을 입력했느냐에 따라 승부가 갈린다. "쓰려면 그 열 배를 읽는다. 그게 글쓰기의 윤리다."라고 말한 비

평가 김윤식 선생의 말이 떠오르는 이유다. 제대로 읽고 열심히 들은 사람들은 조금 손쉽게 글을 쓰거나 말을 하게 된다. 물론 쓰기에 비해 말하기는 낮은 수준의 문법과 논리성을 요구한다. 그렇다 하더라도 주어, 동사의 어색한 연결이나 명사, 조사의 부조화가 나타난다면 말하기는 어느덧 수준 미달이 되는 것이다. 방송 환경처럼 급하게 말을 만들어내야 하는 상황에서는 일정 수준 이상의 말하기를 구사하는 것은 그리 쉬운 일이 아니다. 하지만 평소 글을 써보면 각 문장이나 문장 간의 여러 가지 문법적인 고려를 하게 되므로 자연스레 말하기 수준이 올라간다. 이뿐인가. 구사할 수 있는 문장의 유형도, 표현할 수 있는 어휘도 글쓰기를 하는 과정에서 이미 풍부해져 말하기로 연결된다.

이렇듯 네 개의 바퀴는 서로 맞물려 있으며 서로 영향을 준다. 그 가운데서도 독서, 즉 읽기가 네 개 바퀴를 끌어가는 가장 중요한 바퀴다.

우리말의 네 바퀴를
힘차게 돌려보자

영어 공부를 10년을 해도 어디 가서 시원하게 영어를 할 수 없는 것과 비슷하게 우리말도 아무리 긴 시간 쓰고 있다 하더라도 특별한 노력 없이 수준을 끌어올리기란 쉬운 일이 아니다. 학생들을 만나면서 우리말 공부를 위해 가장 먼저, 오랜 시간 강조하는 것이 '책 읽기'다. 꾸준히 하고 있는지를 확인해 보면 가장 지켜지지 않는 것도 책 읽기다. 성과가 바로 눈으로 보이지 않으니 그럴 수밖에. 학생들만 그럴까. 아나운서 신입사원 교육 때도 마찬가지다. 그러나 아나운서로서 수준 높은 우리말을 구사하는 능력은 방송 생활을 할수록 점점 그 필요성을 절감하게 된다. 그러니 젊은 시절 간과하기 쉬우나, 때가 되어 노력해 보려면 시간이 절대적으로 부족하다는 것을 뒤늦게 깨닫게 된다. 그 시간을 지나온 선배로서 꼭 말해주고 싶은 것이다.

앞서도 설명했듯이 우리말의 네 바퀴를 '읽기'에서 시작해 돌려보자. 먼저 내 경우를 보면, 우연히 라디오 문화 프로그램을 진행하면서 책 읽기를 6개월여 하게 되었다. 그러면서 자연스레 소설 읽는 재미에 푹 빠져버렸다. 이렇게 1년 정도가 지나니 좋은 소설을 고르는 안목도 생기고, 몇 명의 좋아하는 작가들의 글에 대한 내 나름의 시각이 싹트기 시작했다. 5년이 가까워지니 나도 모르게 조금씩 글을 끄적이게 되었고, 책 읽기의 분야도 많이 넓어졌다.

주부 대상 토크 프로그램을 진행할 때였는데, 이야기의 방향이 정해져 있지 않다 보니 그날의 정리 멘트는 항상 방송 중에 내가 정리했는데, 그 순간 글을 썼던 경험이 정말 많은 도움이 되었다. 여러 가지 주제에 대해 이미 내 생각이 잘 정리되어 있었기 때문이다.

이뿐이 아니다. 인터뷰 프로그램을 진행할 때도 도움을 받았다. 출연자에 대한 자료를 읽으면서 그 사람의 인생에 대한 다른 사람과의 차별점이라든가, 그 사람 인생의 가장 중요한 포인트를 짚어내는 데 남다른 시각을 가질 수 있게 되었다. 책을 읽고, 글을 쓰는 훈련이 가져온 결과였다.

언제 책을 읽어 이런 수준이 될까 싶을 것이다. 어찌 보면 갈 길이 너무 먼 것처럼 느껴진다. 하지만 그 끝을 보기보다는 그냥 하루하루 즐겁게 책 읽기를 하다 보면 자연스레 궤도에 오르니 멀리 있는 목표만 바라보지 말고 하루하루 즐겁게 책을 읽자. 좋아하는 책에 빠져서 지내다 보면 어느덧 내가 하는 말이 전과 달라져 있다는 놀라운 사실을 발견할 것이다. 그동안 내가 해왔던 방법을 제시해 본다.

정용실의
독서법

좋아하는 장르부터 읽어보자

나는 라디오 문화 프로그램을 진행하는 것을 계기로 우연히 책 읽기를 시작했다. 단순히 프로그램을 좀 더 재미있게 진행하고 싶어서. 그러다 김영하 작가의 단편들을 만나게 되었고, 그길로 소설 읽는 재미에 푹 빠졌다. 마치 한 편의 영화를 보는 것 같은 이야기 전개뿐만 아니라 인물, 그 이야기가 함의하고 있는 현재를 살아가는 인간들의 모습 등등. 하나의 소설에서 많은 것들이 느껴졌다.

그래서 다른 소설들을 또 읽었다. 이번에는 여성으로서 일과 가정을 병행하며, 엄마라는 것이 뭔지도 모른 상태에서 아이를 낳고 살아가는 내 모습을 마주 볼 수 있는 책들을 찾았다. 내 또래의 여성 작가의 소설들을 찾아 읽었다. 신경숙 작가의 책을 찾아 읽기도 했고, 그다음은 공지영, 전경린, 김별아, 차현숙, 천운영, 권지예, 김미월 등등. 한 작가 한 작가를 섭렵하듯 책을 사 모으고 읽어나갔다. 그러다 보니 나만의 작은 책장이 마련되었고, 내가 읽은 책들이 하나씩 더해져 갔다. 책을 읽으면서 결혼이 무언인지, 일상이 얼마나 소중한지, 행복이란 어떤 것이고, 아이라는 존재는 우리에게 어떤 의미인지, 그 속에서 한 인간으로서 갈구하는 사랑이란 도대체 무엇인지…. 수많은 소설 속 여주인공들을 통해, 다른 사람들의 삶을 통해 느껴보고 생각해 보았다. 늦은 밤 아이를 재워놓고 소설을 읽으며 그들의 불행에 눈물을 훔치기도 하고, 가슴 아파하며 나도 조금씩 성장해 나갔다.

그러던 어느 날 주부 대상 토크 프로그램을 진행하는데 그전까지 머리로만 받아들이던 주부들의 이야기가 내 가슴으로 들어왔고, 진정 그 사람의 삶을 공감하기 시작했다. 주부 우울증이라는 주제로 이야기하던 날, 대본에도 없이 불쑥 자기 이야기를 꺼내놓으며 울먹거리던 주부의 이야기에 나도 모르게 눈시울을 적시며 방송이 끝나고 나서도 한동안 둘이 손을 부여잡고 있었던 일이 지금도 선명하다. 그 후로 나는 방송을 하면서 보이지 않는 눈물을 많이 삼키고 있다. 인생을 살아가는 고비고비마다 아픔 없고 사연 없는 사람이 어디 있으랴.

나는 소설을 좋아하게 되면서 사람을 진정 들여다보고 이해하게 되었다.

책 읽는 방법도 벤치마킹하자

책을 읽어가면서 내게 궁금증이 하나 생겼다. '다른 사람들은 어떻게 책을 읽을까?' 내 주변 사람들 중에 책을 많이 읽는 사람들을 관찰해 보았다. 특히 그들이 읽는 책을. 하나같이 책이 깨끗하지 않았다. 줄을 치거나 여백에 빼곡하게 메모를 하거나 표시를 해두었다. 책을 읽으면서 드는 의문들과 단상들을 잊어버리지 않도록 그때그때 표시해 두는 것이었다. 나는 무릎을 쳤다. 나도 뭔가 떠오르는 생각들이 많았는데 그것을 다 흘려버렸구나 하는 생각이 들었다.

그리고 또 하나, 책을 빌려 읽을 수가 없겠구나 하는 생각이 들었다. 내 책이 아닌데 어찌 저렇게 마음대로 다룰 수가 있단 말인가. 나는 그래서 책을 빌려 읽지 않는다. 사서 읽는다. 우리말의 아름다운 표현들도, 가슴을 울린 좋은 문장도, 글을 쓰기 위한 좋은 인용문도 줄을 치고 모은다. 길고 장황한 나의 설명보다 한 문장의 좋은 인용이 때로는 방송을 보는 이들의 가슴을 울리지 않을까 하는 심정에서다.

오늘도 그런 문장 하나를 찾아 헤매고 있다.

속도보다는 오감에 충실하자

책 읽기에 빠지다 보면 욕심이 생긴다. 한정된 시간 안에 남보다 더 많은 책을 읽고 싶어진다. 나도 그랬다. 특히 책 프로그램을 진행하던 2~3년간은 한 주에 두 권의 책을 읽으려면 하루 종일 주말까지 책을 들고 있어도 다 읽기가 쉽지 않았다. 서문을 먼저 읽고, 목차를 보고, 읽을 순서를 내 마음대로 정해 중요한 것부터 읽고 쉬운 것으로 넘어가는 등 여러 가지 방법들을 다 써보았다.

그러나 지금까지도 잊히지 않고 온전히 내 것으로 생생히 기억되는 책들은 속도에 연연하지 않은 책들이다. 많은 다독가들은 자신이 생각보다 빨리 읽지 못하며 정독을 한다고들 말한다. 맞는 말이다. 책을 정말로 온전히 내 것으로 받아들이려면 머리로만 읽어서는 안 된다. 온몸으로 느껴야 한다. 그래야 마치 자신이 체험한 것처럼 생생하게 기억되는 것이다. 그래야 작가가 전하고자 하는 그 감정, 그 진의가 불현듯 내 앞에 나타나는 것이다. 무지개가 나타나듯이.

좋은 책은 하나의 층위만을 가지지 않은 책들이다. 그래서 쉽게 빠르게, 건성으로 읽어낼 수가 없다. 이렇게 읽었다면 그 책이 가진 다양한 층위 가운데 가장 표피적인 것만 읽어냈는지도 모른다. 더 깊이 있게, 더 많이 느끼면서 읽으려고 할 때 작가의 삶과 그의 상처와 감정들을 온전히 읽어낼 수 있는 것인지도 모른다.

나는 방송을 할 때도 책을 읽듯이 한다. 나를 열고, 상대에게 집중한다. 그 사람의 말만을 들으려고 하는 것이 아니라 말 너머에 있는 그 사람의 진심과 상처, 아픔과 진실한 감정을 놓치지 않으려고 한다. 그것이 그 사람을 온전히 읽어내는 방송인의 진정한 자세라고 생각하기 때문이다. 진정한 책 읽기는 진정한 사람 읽기다.

강제적 독서도 필요하다

강제적 독서. 처음 소설, 그중에서도 여성 작가의 소설만을 편집증적으로 읽다가 드디어 분야를 넓히기 시작했다. 혼자서, 자발적으로 하려니 생각보다 쉽지가 않았다. 나는 프로그램의 도움을 받아서 시작했다. 먼저 1년간 고전 읽기를 했고, 그다음 해에는 장르 소설을, 그 후에는 인문학, 특히 철학책을 읽었다. 고전도 제대로 읽으려면 사실은 전문가의 도움을 받거나 다른 책과 병행해서 읽어야 이해가 쉽다.

예를 들면, 생텍쥐페리의 《어린 왕자》를 제대로 이해하려면 《생텍쥐페리의 전설적인 사랑》이라는 책과 같이 읽어보면 그의 여인 콘수엘로가 바로 《어린 왕자》에 등장하는 가시 돋은 장미라는 것을 알 수 있다. 그리고 길들인다는 것의 의미를 콘수엘로와의 관계 속에서 보면 훨씬 이해하기가 쉬워진다.

요즘에는 책과 관련된 프로그램, 팟캐스트 등 관련 정보가 흘러넘친다. 그러니 이런 정보를 최대한 이용하자. 이 책에서 주장하듯 아나운서 공부도 혼자서 가능한데 그 어떤 공부를 혼자 할 수 없겠는가. 먼저 목표하는 분야를 잡고 책 목록을 정한 후에 시간 안에 읽어나가면 된다.

물론 앞에서처럼 원하는 책을 읽는 것이 아니기에 강제적 독서에는 분명 인내심이 필요하다. 때로는 견디는 시간이 필요할 수도 있다. 그러나 책을 읽는 수준을 한 단계 끌어올리기 위해서는, 한 분야에서 다른 분야로 더 넓어지기 위해서는 반드시 거쳐야 하는 과정이다. 몸이 급격히 자랄 때 뼈가 통증을 느끼듯이 정신적 성장을 위한 통증도 반드시 있게 마련이다. 일종의 성장통을 느끼며 읽어야 하는 것이다.

절대량을 늘리자

이제 독서의 방향과 목표를 잡게 된다면 그때부터 얼마나 많은 양의 책을 읽느냐가 질적인 변화를 가져오게 한다. 어느 분야든 변화를 체감하려면 생각보다 긴 시간이 걸린다. 최소 기간은 1년. 1년간 책을 많이 읽어도 대략 50권 정도 읽는 게 고작이다. 단 50권의 책이 나를 진정 변화시킬 수 있을까.

하버드 대학교 교수인 하워드 가드너의 '10년의 법칙'을 떠올려본다면, 한 분야의 대가가 되기 위한 최소한의 기간인 10년 정도의 세월은 보내야 하지 않을까 싶다. 10년이란 긴 시간을 언급하니 다들 맥이 빠질지도 모른다. 그러나 지금 쌓아가고 있는 독서가 내 인생을 바꿀 시작이자 단초라고 생각하자. 노력의 와중에 입사를 하고 방송의 기회를 갖더라도 책 읽기는 계속해야 된다고 생각해 보자. 그 시작이 되는 1년을 보내는 것만으로도 의미가 있지 않을까.

사실 나도 내 고민을 풀어보려는 지극한 이기심으로 1~2년 동안 책을 읽다가 이렇게 16년이 넘게 책을 읽게 된 것이다. 누가 단 1년의 노력을 보고 시작이 미약했다고 말을 할 수 있겠는가. 바로 시작이 반인 것을. 그 결과로 더 얻고자 하는 바가 크다면 긴 시간 이어가면 되는 것이다. 책을 읽은 절대량이 늘어난다는 것은 곧 그 삶의 질적인 변화를 가져온다는 것이 분명하다.

일주일에 한 권, 기억에 남는 문장은 옮겨 적어라

우리 국어 공부에 대한 쓴소리를 하나 하자면, 문학 작품의 일부분만을 발췌해 공부를 하니 그 작품의 진정한 재미를 느껴볼 상황이 아니라는 것이다. 감수성이 예민한 청소년기에 문학의 재미와 의미에 푹 빠져볼 기회를 주지 못하는 것이다. 설상가상으로 인터넷의 발달로 책을 읽을 시간은 더욱 부족해졌다. 이런 현실이다 보니 정말 말 잘하고, 글 잘 쓰는 언론인들이 자라나기가 참으로 어려운 게 사실이다.

최근 작은 도서관을 찾아다니며 가족 대상 북 토크를 하다 보니 어린 학생들을 자주 접하게 된다. 가끔 언론인을 꿈꾸는 학생들을 만날 때도 있다. 기억해 보니 나도 그 무렵 방송에 대한 꿈을 키웠다. 감히 누구에게도 말하지 못하고 가슴속 깊이 감춰두고 있었지만…. 이들에게 도움이 될 만한 조언을 하나 해달라고 할 때마다 나는 이렇게 말했다.

"일주일에 책을 한 권씩 읽으세요. 그리고 읽다가 좋은 문장을 만나면 그걸 꼭 노트에 적어두세요. 그게 쌓이면 한 권의 책이 될 수 있어요."

나의 경험에서 나온 말이다. 앞서도 잠시 말했지만 〈문화살롱〉이란 문화 프로그램을 6개월간 진행한 것이 내 나이 서른 즈음이었다. 그때 신간 안내 코너가 있었고, 그 코너에서 소개되는 책들을 한 권 한 권 읽기 시작했다. 일주일에 한 권씩. 그리 힘든 분량은 아니었다. 책을 읽다 나도 모르게 좋은 문장에 줄을 그었다. 어디선가 좋은 사람을 만나면 그냥 지나칠 수 없듯이 매번 성실하게 줄을 긋고 노트에 옮겨 적었다. 어느 날은 노트에 있던 글귀를 수첩으로, 컴퓨터로 이리저리 옮겨 적고는 했다.

그 글귀들은 주관적으로 뽑은 것이라 가만히 보면 대개 내 상황과 맞닿아 있거나 내 인생과 떼려야 뗄 수 없는 것들이다. 그래서 그 글귀들에 대한 내 생각이 많았다. 이것을 정리해 낸 것이 첫 책 《서른, 진실하게 아름답게》였다.

 그 당시 편집자들은 내게 글을 누구에게 배웠는지 물었다. 대답이 궁색했다. 배운 적이 없었기 때문이다. 단지 넘치게 많은 좋은 글귀들을 보물처럼 여기저기 옮겨 적으며 보관하고 있을 뿐이었다. 그 말에 편집자들이 그 같은 필사筆寫가 좋은 훈련이 된 것이라고 말했다. 어떤 소설가들은 자기가 좋아하는 소설가의 글을 필사하는 공부를 하기도 한다면서. 그 말을 듣고서야 글을 쓰기 위해 마음을 담아 좋아하는 글을 옮겨 적는 것이 얼마나 훌륭한 공부인지를 깨닫게 되었다. 그 후로도 나는 책을 읽으면서 내 마음을 흔든 문장, 기억하고 싶은 문장들에 줄을 긋고 책의 여백에 짧게 내 생각을 기록해 두고 있다.

독서일기 쓰기

김훈, 《칼의 노래》

- 이 세상의 위로란 본래 없다는 것을 나는 알았다.
- 잘려진 머리와 코에서 적과 아군을 식별할 수는 없었다. 그래서 바다에
  서는 모든 적들이 모든 적들의 머리를 자르고 코를 베었다.
- 나는 정치적 상징성과 나의 군사를 바꿀 수는 없었다.
- 스스로 살아가는 백성들의 생명이 모질고도 신기하게 느껴져, 칼 찬 나
  는 쑥스러웠다. 적들은 멀리서 다가오고 있었다.
- 이미 멸망을 체험한 자들의 깊은 무기력이 고기 건더기를 넘기는 그들
  의 목울대에 깊이 새겨져 있었다.
- 임금은 적이 두려웠고, 그 적과 맞서는 수군통제사가 두려웠던 모양이
  었다. 그것이 임금의 싸움이었다. …이제 신에게 오히려 전선 열두 척이
  있사온즉(今臣戰船 尙有十二)
- 사지에서는 살길이 없음을 알아야 한다. 그것이 아마도 살길이다. 살길
  과 죽을 길이 다르지 않다. 너희는 마땅히 알라.

(멘티 김명선 작성)

98

1년 이상의 취업 준비 시간이 남아 있는 학생들에게는 책 읽기를 통한 우리말 공부는 일석삼조다. '아나운서 준비의 기초 공사'이자 단시간에 준비할 수 없는 '논술 시험 준비'이고, '자기소개서'를 쓰기 위한 자료 수집이기도 하다. 특히 자기소개서는 '나'란 어떤 사람인지를 보여주는 것이기에 '나'와 관련된 글귀들과 기록이 있다면 훨씬 더 쓰기가 쉬워진다.

학생들과 책을 읽자고 하면 제일 먼저 나오는 질문이 있다.

"무슨 책을 읽어야 하나요?"

물론 목표하는 바에 따라 책을 선정해 주고 읽으라고 할 수도 있겠지만, 이 과정을 통해서도 자신이 좋아하는 것을 찾을 수도 있는 것이기에 나는 이렇게 대답한다.

"자신이 흥미로운 책을 골라 읽어봐요. 장르 구분 없이 소설, 에세이, 시, 철학… 어떤 것도 좋고 어떤 소재도 좋아요. 다만 그냥 읽고 잊어버리는 것이 아니라 단 몇 개의 문장만이라도 가슴에 남는 것이 있다면 적어둡시다. 이것을 모아보면 그 안에 자신이 있어요. 그 문장들을 읽어보면서 왜 자신이 그 글들을 모았는지 이유를 간단히 적어봅시다. 저절로 자기소개서를 정리할 수 있게 되고, 논술 시험을 준비하게 되며, 아나운서 준비의 기초 공사는 끝나게 됩니다. 자신과 지킨 약속이 하루하루가 쌓여 한 달이 되고, 한 달 한 달이 쌓여 1년이 되고, 또다시 10년으로, 20년으로 이어지게 됩니다. 긴 시간을 생각하지 말고 오늘 하루만 최선을 다해보자고요. 인생은 이렇게 사는 것이니까요."

국어사전, 발음 사전을 잘 활용하라

얼마 전 내가 진행하는 프로그램에서 외화 번역가로 유명한 이미도 씨의 신간을 소개했다. 책에서 그는 영어와 우리말을 넘나들며 평생을 살아온 경험을 바탕으로 언어 공부에 대한 생각을 피력했다. 몇 대목에서 무릎을 쳤다. 나와 정말 비슷한 생각을 갖고 있었다. 독서를 통해 언어를 공부하는 법, 책의 문장들을 옮겨 적으면서 문장을 공부하는 법 등이 그의 책에도 있었다. 언어를 공부하는 법은 대체로 비슷하다. 그런데 그의 글에서 놓쳐서는 안 될 중요한 한 가지가 있었다.

필사즉생(筆寫卽生): (사전을) 필사하라. 그러면 산다.

어휘 공부를 하는 방법으로 그가 제시한 방법. 맞다! 사전! 언어 공부를 하는 데의 필수품. 이걸 놓칠 뻔했군. 소설가 중에는 적절한 표현 하나와 씨름하며 사전을 수없이 뒤적이는 사람도 있다는 얘기를 들은 적이 있다. 사전은 이렇게 글을 쓰거나 말을 다루는 사람들에게는 중요하다.

우리 아나운서들에게는 '국어사전'뿐만 아니라 한 가지 사전이 더 있어야 한다. 바로 '우리말 발음 사전'. 정확한 발음을 구사하기 위해 아나운서들은 이 사전을 자주 찾는다. 입사 초기에는 발음 공부를 위해서 자주 찾았지만, 지금도 내레이션을 하다가 정확하지 않은 발음은 '우리말 발음 사전'이나 국립국어원 사이트의 '표준 국어 대사전'을 통해 발음을 확인한다. 자주 쓰지 않는 말은 반드시 발음을 확인해 볼 필요가 있다.

무엇보다 발음 공부를 시작하는 초기에 사전을 찾는 습관을 기르는 것이 좋다. 뭐든지 좋은 습관을 만드는 것이 중요하기 때문이다. 우리가 태어날 때부터 '한국어'를 사용해 왔어도 정확한 뜻과 발음을 다 알고 있는 것은 아니다. 그래서 자주 쓰이는 어휘의 장·단음, 쉽지만은 않은 숫자 읽기 등은 반드시 확인해 둘 필요가 있다. 발음에 대한 자세한 내용은 뒤에서 다시 설명할 것이다.

Step 2

아나운서 첫걸음 :
좋은 뉴스를 많이 들어라

"자, 오늘부터 뉴스 공부를 해봅시다."

"와~!"

아나운서라는 직업의 관문 앞에서 이 직업이 내게 맞는지 진지하게 고민해서 결정했다면, 이제 더 이상 뒤돌아볼 필요가 없다. 한 발씩 뚜벅뚜벅 내디디면 되는 법이다.

자, 그럼 무엇부터 시작할까? 다들 뉴스 원고를 들고 자기 식으로 읽느라 요란하다. 잠깐! 이렇게 함부로 읽기 전에 해야 할 것이 있다. 어린 시절 피아노를 배울 당시 몸으로 터득한 방법이다. 음악처럼 리듬과 높낮이_{멜로디}가 있는 언어라면 이 방법이 좋을 것 같다. 필자의 입사 초기로 따라가 보자.

방송 경력이 전혀 없던 필자는 신입 아나운서 교육을 받는 내내 정말 많은 지적을 당하고 혼이 났다. 자존심도 꽤 상했다. 하지만 이건 문제도 아니다. 정말로 내가 아나운서에 맞는가 하는 고민 때문에 아무것도 손에 잡히지 않아 방황하던 때도 있었다. 그러던 중 이런 생각이 들었다.

'이렇게 부족하다면 남들보다 더 열심히 노력해 보면 될 것 아닌가.'

오기가 발동한 것이다. 그러나 지적받은 수많은 문제들을 앞에 놓고 앉아 있자니 어디서부터 어떻게 해야 할지 몰랐다. 그때 어린 시절 새로운 피아노곡을 배우던 때가 불현듯 떠올랐다. 악보를 펴면서 선생님이 이렇게 말했다.

"이 곡 아니?"

"몰라요."

"그래? 그럼 선생님이 테이프를 주고 갈 테니 100번만 들어봐. 그럼 저절로 칠 수 있게 될 거야. 악보 읽는 게 서툴러도 말이야. 선생님 말대로 한번 꼭 해봐."

'100번이나 들으라고? 왜 100번을 들으라는 거야?' 속으로 말도 안 되는 소리라며 듣는 시늉도 하지 않고 그냥 연습을 했다. 그러던 어느 날 평소 좋아하는, 그래서 익히 잘 아는 곡을 연주하게 되었다. 실제로는 한 번도 쳐본 적도 없고 악보도 처음 보는 상황이었다. 그러나 신기하게도 저절로 연주가 되었다. 그때 무릎을 쳤다. '선생님 말씀이 옳았구나. 음악이 몸에 배어 있으니 이렇게 저절로 연주가 되는구나.'라는 생각이 들었다. 100번을 들으라는 말은 바로 그 곡을 우리 몸에 각인시키는 시간을 가지라는 의미였던 것이다.

언어도 똑같다는 생각이 들었다. 언어에도 높낮이_{멜로디}와 리듬이라는 요소가 있다. 이 두 가지가 귀에 익어야 표현할 수 있게 된다. 사실 '뉴스'라는 방송 언어에는 일상 회화와 다른 리듬과 멜로디가 있지 않던가. 이것이 먼저 자연스럽게 내 귀에, 가슴에, 몸에 들어와야 내가 표현할 수 있는 것이 아니겠는가. 영어나 중국어 같은 다른 언어가 이런 과정을 통해 우리 몸에 힘들게 들어오듯이 말이다.

언어의 리듬과 멜로디를 익히는 이 과정은 참으로 중요한 과정이다. 하지만 이 과정을 지도하는 학원은 없다. 실상 이 과정은 누구의 지도도 필요치 않다. 외국어를 배울 때를 생각해 보면 이 말의 의미를 확연히 알 수 있다. 우리는 무작정 외국어를 들어야 한다. 많이, 꾸준히, 때로는 자면서도…. 그래서 그 말의 리듬과 멜로디 속으로 들어가야 한다. 그러니 외국에 나가 생활하는 게 가장 빠르게 언어를 익히는 길이 아니겠는가. 이 방법을 우리말 공부에도 가져오자. 이렇게 말이다.

"오늘부터 라디오 뉴스를 꾸준히 들읍시다. 매일 정시마다 5분씩. 일단 한 달간. 알겠죠?"

학생들 표정을 보니 실망스러운 기색이 역력하다. 뉴스의 비법을 전수받아 당장 멋들어지게 뉴스를 하게 되리라는 기대를 한 모양이다. 모든 일이 기초가 튼튼해야 그 위에 쌓기가 쉬운 법이다. 뉴스의 리듬과 멜로디를 구체적으로 배우기 전에 일단 많이 듣자. 많이 듣다 보면 저절로 터득하는 것이 있고, 몸으로 리듬과 멜로디가 저절로 스며들게 된다. 그것을 기다려야 한다.

입사 후 한 달간의 아나운서 교육이 끝났을 당시, 나는 아직 부족한 게 많은데 교육이 끝난 것이 못내 아쉬웠다. 아나운서실로 자리를 옮기자 더 이상의 교육은 없었다. 나는 이렇게 끝나서는 안 된다는 것을 직감적으로 알았다. 그래서 방송 시간이 끝나고 자리에 와 있는 선배들 옆으로 갔다.
"선배님, 뉴스 좀 봐주세요!"
기특하기도 하지만 막상 자기 업무에 바쁜 선배들에게는 참으로 귀찮은 존재일 수밖에 없었다. 많은 선배들이 이렇게 말했다.
"뉴스를 많이 들어. 많이 들어야 잘할 수 있게 돼."
처음에는 귀찮은 마음에 둘러대는 말이라고만 생각했다. 그렇다고 이렇게 말하는 선배들에게 무슨 반박을 할 처지도 아니었다. 시간은 남고 뭔가 아쉬운 마음에 그냥 해보았다. 라디오를 사다가 자리에 앉아 정시마다 뉴스를 듣기 시작했다. 처음에는 뉴스가 그냥 나를 스쳐 지나갔다. 그다음에도, 그다음에도….

그러던 어느 날, 뉴스를 듣다 보니 방송을 하는 선배의 호흡이 다른 느낌이 들었다.

'감기가 드셨나?'

정말 그랬다. 이런 식으로 하나씩 하나씩… 차근차근 들리기 시작했다. 게다가 내 컨디션이 좋은 날은 세밀한 부분들까지 민감하게 감지되었다.

필자는 입사 초 지방 발령을 받아 1년을 춘천에 있었다. 그동안 방송을 열심히 공부하여 더욱 성장한 모습으로 서울 본사로 돌아오리라 각오했다. 그 1년이란 시간 동안 일주일에 5일씩 매일 꾸준히 뉴스를 듣고 봤다. 그것이 정말 20여 년 동안 방송할 수 있는 토대를 만들어주었다고 확신한다.

모든 일에는 기초가 중요하다. 그리고 기초가 탄탄해야 그 위에 뭔가를 쌓을 수 있다. 기초를 닦는 일에 소홀하지 말자! 이렇게 긴 시간 열심히 듣고 있는 동안에 다음 단계로 갈 수 있는 디딤돌들과 만나게 될 것이다. 그 돌들을 딛고 한 발씩 나아가면 우리는 성장하게 된다. 겁내지 말자. 우리에게는 스스로 공부할 수 있는 충분한 능력이 있다는 사실을 믿고 열심히 하면 된다.

"이제부터 구체적인 방법을 찾아봅시다. 어떻게 하면 꾸준히 할 수 있을까요? 일단 라디오와 이어폰을 준비해 주시고, 다이어리 수첩이나 휴대전화의 일정표를 활용해 하루 몇 번, 일주일에 며칠을 들었는지 체크합시다. 들으면서 떠오르는 생각들을 간단히 메모합시다. 밥 먹듯이 뉴스 듣기를 생활화하는 게 중요합니다. 최소 기간은 한 달. 이 기간이 지나고 부족하면 한 달 더. 뉴스 공부를 구체적으로 하게 되더라도 뉴스 듣기는 멈추어서는 안 됩니다. 결국 얼마나 들었느냐가 후에 방송 능력을 좌우합니다. 그럼 오늘부터 꾸준하게 시작해 봅시다."

뉴스 듣기 다이어리

SUN	MON	TUE	WED	THU	FRI	SAT
/	/	/	/	/	/	/
/	/	/	/	/	/	/
/	/	/	/	/	/	/
/	/	/	/	/	/	/
/	/	/	/	/	/	/

Step 3

톤과 발성

뉴스 공부를 시작하자고 하면 많이 물어보는 질문 하나가 바로 이것이다.

"뉴스를 이 톤으로 해도 되나요? 좀 더 낮게 해야 신뢰가 가지 않나요?"

뉴스를 전달하는 것은 무엇인가. 연기를 하는 것이 아니다. 신뢰를 주기 위해 목소리를 연출하거나 꾸미는 것이 아니다. 신뢰는 그렇게 연출이나 연기로 얻어지는 게 아니다.

가만히 생각해 보자. 사람은 각기 다른 색깔을 가지고 있다. 그 색깔 안에는 그 사람만의 고유한 성격, 외모 등 여러 가지가 있겠지만, 목소리도 중요한 요소 중 하나다. 몇 년 전 노래만 30~40년 부른 가수와 이야기를 나눈 적이 있는데, 그녀는 사람의 외양을 보기 전에 음성만 듣고도 그 사람의 성격을 다 알 수 있다고 했다. 이렇듯 사람마다 고유한 목소리와 톤이 있다.

필자의 경우, 여성 중에는 상당히 낮은 영역의 소리를 가졌다. 성악에서 흔히 '알토'라고 부르는 소리. 내가 못 가진 것에 대한 부러움 때문인지 나는 항상 꾀꼬리같이 가늘고 또르르 굴러가는 소리가 그리 아름답게 들릴 수가 없었다. 외모처럼 내가 안 가진 것이 얼마나 멋져 보이는지…. 부러워한다고 해서 그런 외모를 가질 수 없듯이 목소리도 마찬가지다. 지나치게 꾸미거나 연출하는 것은 부자연스럽고 어색할 뿐이다.

간혹 사교육 기관에서 특별히 지적할 사항이 없을 때 톤에 대한 불필요한 지적을 하는 모양이다. 그래서 학생들이 심각한 표정으로 자신의 톤을 어떻게 하면 좋은지 물을 때면 참으로 답답한 심정이다. 나는 이렇게 이야기한다.

"사람마다 다 똑같은 톤을 가졌다면 세상이 얼마나 지루하고 답답할까요? 자신의 목소리는 자신만의 색깔이니 그냥 그 자체를 받아들이세요. 그리고 그 안에서 아름다움을 찾아보세요."

문제가 되는 톤이라는 게 있을까? 그런 것은 없다. 방송을 하기에 문제가 되는 목소리는 있을지라도 말이다. 자신이 가진 톤의 장단점을 바로 알고 장점을 극대화하는 것이 훨씬 현명한 방법일 것이다.

또 하나 많이 하는 질문이 "복식 호흡은 어떻게 하나요?"이다. 이건 또 어디서 듣고 온 것인가? 아니 복식 호흡을 언급했으면 가르쳐주기라도 했어야 하는 것 아닌가. 복식 호흡을 하라는 지적만 한 채 방법도 알려주지 않았나 보다. 그런데 복식 호흡은 도대체 왜 필요한 걸까? 그 이유는 알고 시도해야 하는 것 아닌가?

예를 들어보자. 성악가들과 대화를 나누다 보면 아나운서인 내 목소리도 종종 작게 느껴질 때가 있다. 성악가들 중에는 평소 말할 때 소위 '목욕탕 목소리'를 내는 경우가 왕왕 있다. 소리가 마치 목욕탕에서 울려서 들리듯이 좋게, 크게 들린다는 것이다. 어떻게 이것이 가능할까? 목에서 나오는 소리는 성량이 작게 느껴지며 약간 앵앵거리는 듯한 느낌이 든다. 게다가 소리를 내면서 목을 쓰니 말을 오래 하거나 큰 소리를 내다 보면 성대를 다치기 일쑤다. 그러나 복식 호흡으로 발성을 하다 보면 큰 목소리를 써야 하거나 장시간 목을 쓸 때 다치지 않을 수 있다. 이뿐만 아니라 소리가 깊고 울림이 있게 느껴진다. 그래서 소위 '목욕탕 목소리'가 나는 것이다.

그러나 필자는 모든 방송에서 복식 호흡을 사용하지는 않는다. 다만 내레이션을 하는 경우 자연스레 복식 호흡을 하게 된다. 효과음에 묻히지 않도록 큰 목소리를 장시간 써야 하기 때문이다. 복식 호흡은 성악가가 아닌 아나운서에게 필수 사항은 아닌 것 같다. 그러니 이렇게 말할 수밖에 없다.

"복식 호흡이란 노래 부를 때처럼 배를 쑥 넣고 소리를 빼내는 거죠. 잘 안 된다면 소리를 더 안에서부터 끌어낸다고 생각하면 가능해질 거예요. 그런데 꼭 필요한 건 아니니까, 너무 걱정하지는 마세요! 다른 중요한 게 더 많아요."

아나운서라는 직업은 말만 하는 직업이 아니다. 말하는 시간보다 듣는 시간이 더 많은 직업이다. 힘들여 복식 호흡을 배우기보다는 귀를 열고 이야기를 듣는 집중력과 공감을 삶에서 배워보는 건 어떨까. 많은 정보가 자칫 해가 될 때가 있다. 남의 말에 휘둘리지 않고 무엇이 중요한지, 중요하지 않은지를 선별하는 지혜가 가장 필요하다.

Step 4

우리말을 먼저 이해하라

뉴스를 제대로 공부하기 전에 알아야 할 것이 많다. 우리말 읽기의 기본에 대해서다. 필자는 KBS 아나운서실에서 교육을 받고 방송을 하면서 선배들에게 많은 것들을 전수받았다.

방송 테크닉의 전수는 일반적인 교육과는 다르다. 강의실에 모여 단순한 이론을 듣는 것만으로 전수될 수가 없다. 한 사람 한 사람을 붙들고 세세한 것까지도 고치고 또 고치는 장인들의 기술 전수와 비슷하다. 이 말은 그만큼의 긴 시간의 경험을 가진 선배^{장인}가 있어야 하고, 그 사람에게 단지 한두 달이 아닌 긴 시간 방송을 해가면서 배워야 한다는 것이다. 왜냐하면 그 미묘한 차이를 직접 체감하는 데도 시간이 걸리고, 이런 과정을 통해 스스로 체화하는 데는 더 긴 시간이 걸리기 때문이다. 방송을 단순한 직업이라고 착각해서는 안 된다. 방송이란 말을 넘어, 진행을 넘어, 행동을 넘어, 그 사람의 생각과 가치를 오롯이 보여주는 일이기 때문이다.

필자가 받은 교육과 선배들이 지적해 준 수많은 가르침 속에서 내 몸에 체화되어 지금까지 방송에 녹이고 있는 내용들은 참으로 많다. 이야기를 들을 그 당시에는 의미를 다 알지는 못했다. 하지만 방송을 해오면서 선배들이 해준 말이 하나씩 불쑥 와 닿을 때가 많았다. 그렇게 들었던 몇 가지, 우리말 읽기에 기본이 되는 것을 적어본다. 오늘 다 이해할 수는 없어도 언젠가 이것을 느끼는 순간이 올 것이기 때문이다.

우리말 제1원칙 :
한 문장은 한 호흡으로 읽는다

우리말과 영어의 가장 큰 차이점은 주어와 동사의 위치, 이 둘의 간격이다.

영어와 비교해 보면, 우리말의 주어와 동사는 참 멀리 떨어져 있다. 'She says⋯.', 'He goes⋯.' 등과 달리 우리말은 '그녀는⋯ 말했다.', '그는⋯ 간다.'처럼 주어는 맨 앞에, 동사는 맨 뒤에 위치한다. 그러다 보니 주어와 동사를 잘 맞추어 글을 쓰거나 말을 하는 것이 생각보다 그리 쉬운 일이 아니다. 모국어를 쓰는 우리도 힘든데 하물며 외국어로 우리말을 배우는 사람들에게는 또 얼마나 힘든 일일까. 그러니 우리말 전달에 있어서 주어와 동사의 호응은 참으로 중요하다. 주어와 동사를 맞추는 것뿐만 아니라 이 둘을 어떻게 말해야 더 잘 이해할 수 있을까? 단순하게 말하자면, 마치 주어 뒤에 동사가 붙듯이 연결된 느낌으로 읽어줘야 하지 않을까? 그래서 '한 문장은 한 호흡으로 읽는다'는 우리말 읽기의 제1원칙이 도출된다. 주어에서 동사로 오는 길이 멀므로 크게 쉬지 말고 곧바로 오라는 것이다. 긴 호흡으로 끊어 말을 토막 내지 말고 한 호흡으로 주어를 동사까지 끌고 오라는 말이다. 말은 쉬우나 가능할까? 그 긴 문장을 읽는 동안 한 번도 숨을 쉬지 말라는 말인가? 아니면 끊어 읽기를 어떻게 하라는 말인가? 구체적으로 들여다보자.

예문 독일 국방부는 독일과 미국의 병력 2,400명이 참가하는 대규모 합동 훈련이 3주 동안 실시된다고 어제 밝혔습니다.

예문을 읽어보자. 호흡을 어디서 어떻게 해야 할지, 어떻게 해야 주어와 동사가 연결되는 느낌이 드는지 생각하면서 말이다. 자, 그럼 호흡을 표시한 다음 예문을 다시 읽어보자.

끊어 읽기가 표시되어 있어 그대로 똑같이 끊어 읽으면 될까? 아니다. 일단 주어와 동사가 무엇인지 확인하자. 그리고 큰 호흡을 쉬고 문장 읽기에 들어간다. 문장 안에서는 작은 호흡으로 쉰다. 짧고 가볍게 쉬고 바로 다음으로 넘어간다. 문장 안에서 길게 큰 호흡으로 쉬면 문장이 토막 난다. 의미도 분절된다. 하나하나가 전달될 뿐이다. 다시 아래의 설명대로 읽어보자.

읽기 2 (큰 호흡) 독일 국방부는(주어)/(작은 호흡) 독일과 미국의 병력/(작은 호흡) 2,400명이 참가하는/(작은 호흡) 대규모 합동 훈련이/(작은 호흡) 3주 동안 실시된다고/(작은 호흡) 어제 밝혔습니다.(동사) (큰 호흡)

다시 말해, 한 문장을 시작하기 전에 들이마신 숨들숨으로 조금씩 나누어 뱉어가며날숨 끝날 때까지 다 뱉어낸다. 그리고 그 문장이 완전히 끝나고서야 다시 숨을 크게 들이마신다들숨. 이것은 어찌 보면 요가를 할 때 쓰는 호흡법, 복식 호흡법에 가깝다. 한 문장 안에서는 숨을 크게 들이마시는 일이 없다. 그러다 보니 문장이 단절되는 느낌이 없다. 짧은 날숨들을 스타카토처럼 조금씩 내

뱉으면서 연결할 뿐이다. '한 문장은 한 번의 들이마시는 호흡으로 읽어간다'가 바로 '한 문장은 한 호흡으로 읽는다'의 정확한 의미인 셈이다. 주어와 동사의 간격이 멀리 떨어져 있는 우리말의 특성에 따른 효과적인 전달법이라 하겠다.

우리말 제2원칙 : 평서문은 물 흐르듯 위에서 아래로 읽는다

우리말은 어떤 흐름이 있을까? 영어로 말하는 것을 들으면 마치 노래하듯이 오르내림이 있다. 중국어도 성조로 인해 오르내림이 심하다. 대부분의 언어는 오르내림이 있다. 그러나 우리말은 평조, 평평하다고 표현하는 사람들이 많다. 하지만 자세히 보면 오르내림은 없지만 시냇물이 언덕에서 졸졸 흐르듯이 살짝 위에서 아래로 내려온다. 이것이 우리말의 흐름이다.

아나운서실에서 뉴스를 배울 때마다 듣는 잔소리 중 하나가 바로 "뉴스를 읽으며 중간에 올리지 마!"라는 지적이었다. 선배들 앞에서 뉴스를 읽을 때마다 들었던 지적이다. 아니, 지적이 아니라 야단을 맞은 것이었다. 한창 교육을 받을 때는 너무 많이 들어

꿈에도 나올 지경이었다.

도대체 이건 무슨 말일까? 뉴스를 읽을 때 조사나 어미 뒤에서 음을 올리지 말고 내리면서 읽으라는 말이다. 앞서 설명한 것처럼 산에서 흘러내리는 물처럼 자연스럽게, 위에서 아래로 인토네이션을 떨어뜨려가며 읽으라는 것이다. 읽어봐야 이해가 될 것이다. 앞서 읽었던 문장에 다시 도전해 보자.

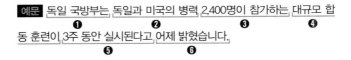

예문 독일 국방부는, 독일과 미국의 병력 2,400명이 참가하는, 대규모 합
❶   ❷   ❸   ❹
동 훈련이, 3주 동안 실시된다고, 어제 밝혔습니다,
❺   ❻

이제부터 다소 음악적으로 설명할 수밖에 없다. 계이름 '솔파미레도시'의 음을 떠올려보자. 평소 내가 말하는 톤을 중간 음인 '미'로 놓자. 그리고 다소 높은 '솔'에서 시작해 서서히 내려가는 것이다. '시'까지. 호흡을 조금씩 내뱉어가면서 계단을 내려가듯이 음을 하나씩 내려가보자.

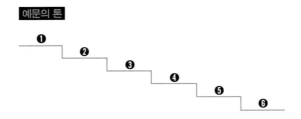

예문의 톤

이렇게 읽으면 일단 힘이 들어가지 않는다. 계단을 오르는 게 아니니 힘이 들 이유가 없지 않은가. 그러나 어미를 올리면 불필요한 조사 부분에 힘이 들어가고, 조사를 강하게 읽으니 의미 전달력은 도리어 떨어진다. 올리면서 한번 읽어보자. 그리고 들어보자.

예문 독일 국방부는⌣ 독일과 미국의 병력⌣ 2,400명이 참가하는⌣ 대규모 합동 훈련이⌣ 3주 동안 실시된다고⌣ 어제 밝혔습니다.

이상하다. 리듬을 타서 소위 '조'라는 게 붙게 된다.

그런데 왜 조사나 어미 부분을 내리는 걸까? 주된 부분, 예를 들면 명사나 어근이 중요하니 그 부분을 크게, 강하게 읽어야 한다. 어미나 조사처럼 특별히 의미를 가지지 않은 말들은 조용히, 작게 읽어야 한다. 그러니 자연스레 조사나 어미에서는 소리가 내려가는 것이다. 이렇게 의미를 전달하기 쉽게 읽어야 듣기가, 이해하기가 편해진다.

뉴스 읽기에서 제2원칙은 참으로 중요하다. 제2원칙은 뉴스만이 아니라 내레이션에서도 중요하다. 한 가지 더 알아두어야 할 것이 있다. 한 문장 안에서는 이렇게 물이 흘러내리듯 어근은 강하게, 어미는 약하게 읽어 위에서 아래로 소리가 계속 내려오지

만, 문장 간에는 더 중요한 내용이 어느 문장이냐에 따라 앞 문장이 내려갔다 뒷문장이 올라갈 수도 있다. 한마디로 음악이 변주되듯 다양한 높낮이의 음으로 문장은 시작된다는 말이다. 문장 간의 높낮이는 의미를 중심으로 뉴스를 읽는 방법을 통해 뒤에서 더 자세히 설명하겠다.

자, 우리말의 두 가지 원칙을 다 알고 몸소 실천할 수 있어야 다음 단계로 넘어가겠다는 완벽주의자들은 잠시 이 페이지를 접어두자. 필자도 오랜 세월을 거쳐서야 깨달은 이 사실을 어찌 단 한 번의 읽기를 통해 끝내겠다는 말인가. 이해하고 알았다 하더라도 이것을 실천해 내는 데는 시간이 더 걸리니 조급한 마음은 접어두고 편안하게 책을 읽어나가자.

아직은 앞서 언급한 대로 뉴스를 더 들어야 한다. 많이 들으면서 우리말 읽기에 대한 두 가지 원칙이 저절로 이해될 때까지 기다려라. 어느 날 불현듯 들릴 것이다. 그때서야 비로소 스스로 이것을 해볼 수 있게 된다.

내 마음 안의 박자

　노래를 부르러 가보면 흔히 두 종류의 '치'를 만나게 된다. '음치'와 '박치'. 음치는 음을 제대로 잡지 못하는 것이고, 박치는 박자를 못 맞추는 것이다. 음치도 고치는 게 쉽지 않지만, 박치도 간단한 문제가 아니다. 여러분의 생각과 달리 뉴스 리딩에서도 박자는 중요하다. 필자는 아나운서실 교육을 받던 중 이 부분에 다소 문제가 있다는 지적을 받았다. 속으로 이해가 안 되었다.

　'이래 봬도 피아노를 십수 년 쳤는데 어찌 박자 하나를 못 맞춘다는 말인가.'

　필자가 지적받은 문제를 좀 더 구체적으로 말해 보자면, 뉴스 원고를 한 음 한 음 또박또박 읽는 것이 아니라 중간중간 어미나 조사에서 급하게 후루룩 말리는 듯하게 읽는다는 게 문제였다. 일단 여유가 없어 보였고, 소리가 말려 발음도 엉망진창이 되는 것이었다. 의식적으로 느리게 읽으려고 하니 전체적으로 늘어난 테이프처럼 늘어지는 느낌이 들었다. 혼자서 고민해 보았다. 또박또박한 리듬감을 어떻게 하면 얻을 수 있을까? 그때 떠오른 것이 바로 메트로놈이었다. 피아노를 연주할 때 박자를 맞추던 기계. 똑딱똑딱….

'이 소리에 맞춰 읽으면 되지 않을까? 피아노를 칠 때 늘 여기에다 박자를 맞췄었지.'

그 소리에 맞춰 마음대로 흘러가던 피아노 연주의 박자가 안정적으로 자리 잡지 않았던가. 그래서 메트로놈을 가져다 옆에 틀어놓고 원고를 읽었다. 생각대로 되지 않았다. 메트로놈 소리에 정신이 빠져 뭘 읽는지 전혀 알 수가 없었다. 다시 해봤다. 그리고 또 해봤다…. 겨우 박자를 따라가긴 하는데 왠지 피아노를 칠 때처럼 박자가 몸으로 들어오지를 않는다. 메트로놈을 멈추니 바로 원점으로 돌아간 느낌이다. 이걸 어쩌나…. 맥이 빠져 망연히 앉아 있었다. 그러다 퍼뜩 이런 생각이 스쳤다.

'우리 몸 안에는 사람마다 다소 속도는 다르겠지만 심장 박동이라는 자신만의 내면의 박자가 있지 않나?'

그래, 몸에서 느끼는 박자. 나는 그 편안한 박자를 찾아보기로 했다. 어떻게 표현해 볼까? 자연스럽게 볼펜으로 탁자를 두드려

볼까? 그 볼펜 두드리는 소리, 자연스레 손으로 탁자를 두드리는 속도. 이 박자를 가지고 발음 연습을 해보는 건 어떨까? 그렇게 나는 내 마음 안의 박자를 찾았다.

이제 본격적인 발음 연습에 들어가자. 자신의 몸 안에, 마음 안에 박자를 가지고 있어야 뉴스를 제대로 읽을 수 있다.

Step 6

하논과 소나타 :
발음과 뉴스 리딩, 따로 연습하라

필자는 어린 시절 피아노를 배웠다고 언급했다. 이 경험을 방송 공부를 하다 문제에 봉착할 때마다 꺼내서 활용했다. 얼마나 많은 도움이 되었는지 일일이 다 설명할 수 없을 정도다. 앞서도 이 경험을 토대로 한 문제 해결법을 제시했지만, 가장 큰 도움을 받은 것은 바로 '발음 연습'과 '뉴스 리딩'을 분리해 연습하는 비법을 찾는 데서였다.

뉴스를 처음 공부할 때 발음이 안 되는 것은 많지, 띄어 읽기도 신경 써야 하지, 뉴스의 내용도, 기사의 가치도 생각해 봐야 하지… 정말 간단한 뉴스를 읽으면서도 생각해야 할 게 너무 많았다. 마치 골프를 처음 치는 사람이 스윙 한 번 하려고 발 간격, 그

립, 몸의 자세, 머리의 위치 등을 다 생각하다 정작 몸이 굳어 자연스런 스윙을 못 하는 것과 마찬가지다. 그렇다면 어떻게 해야 할까? 고민이 깊었다.

이런 와중에 필자의 머리에 떠오른 것은 피아노 치던 어린 시절의 모습이었다. 필자는 '하논'과 '체르니'를 정말 치기 싫어했다. 매일 '소나타'와 명곡집만 연습하고 또 연습했다. 혼자 피아니스트가 된 양 늘 분위기만 잡기를 좋아한 것이다. 그러나 레슨을 받으러 가면 선생님은 귀신같이 내가 하논과 체르니를 많이 치지 않은 걸 잡아내며 기초 연습이 부족하다고 야단을 쳤다. 나는 속으로 생각했다.

'내가 하논과 체르니를 많이 치지 않은 사실을 어떻게 알았지? 하지만 하논과 체르니가 뭐 그리 대단하다고. 소나타같이 제대로 된 곡을 연주하는 게 더 중요하지 않나.'

그러나 방송을 업으로 삼고 학생들을 아카데미에서 멘토링을 통해 지도하다 보니 정말 기초, 기본이라는 것이 참으로 중요하다는 생각이 들었다. 하논과 체르니가 결국은 박자감, 손가락 번호, 정확한 터치, 속도 등 여러 가지 기본을 잡아준다는 사실을 뒤늦게 깨달은 것이다. 그러고는 내가 발음 연습을 위해 들였던 시간을 다시 되돌아봤다. 발음 연습과 리딩 연습을 분리해서 할 때가 더 효과적이었다. 따로따로 연습해야 발음은 발음대로 고칠 수 있고, 리딩은 리딩대로 흐름을 잡을 수가 있다. 이 사실을 깨달은 후 나는 학생들에게 '발음 연습'과 '뉴스 리딩'을 분리하라고 권한다. 마치 하논과 소나타를 따로 연습해야 하듯이. 왜 분리해 연습하는 것이 효과적인지는 발음 연습, 뉴스 리딩을 하나씩 들여다보며 설명하겠다.

참, 한 가지 잔소리를 더 하고 넘어가자. 언어 훈련은 매일 하는 게 중요하다고 계속 언급하고 있다. 발음 연습은 매일 최소 3분 이내, 뉴스 리딩은 하루 3~4개의 기사를 정해놓고 읽어보는 것이 최소한의 연습량이다.

Step 7

발음 실전 연습

그렇다면 발음 연습은 뉴스 리딩과 어떻게 다르단 말인가.

소리글자인 우리말은 '자음'과 '모음'으로 이루어져 있다. 다시 말해 우리말의 소리를 잘 내려면 '자음'과 '모음'의 소리가 제대로 나야 한다는 말이다. 한마디로 '자음'과 '모음' 발음이 발음 연습의 기본이다.

기본을 배우는 데 있어서는 자음동화, 모음동화를 먼저 떠올리고 힘들어하지 마라. 모음의 기본 발음과 자음 발음 중에서도 '틀리기 쉬운 받침 발음'부터 제대로 내보자. 이것을 익히는 것만으로도 발음이 많이 향상될 수 있다. 기초 단계, 기본 단계를 잘 밟아야 한다. 천천히 또박또박 읽어가 보자.

모음이
'입 모양'을 결정한다

　말을 하는 것은 가장 큰 에너지 소모다. 그래서 사람들은 에너지를 점점 효율적으로 쓰는 방향으로 말을 하게 된다. 입을 가능하면 적게 벌리고 우물거리며 발음하기 십상이다. 아나운서를 꿈꾸는 사람 중에도 이렇게 발음하는 사람들이 많다. 내가 편한 대로 발음하기 때문이다.

　필자도 입사 초에는 별반 다를 바가 없었다. 선배들이 입을 많이 벌리면서 또박또박 말을 하는 게 도리어 어색하기도 했다. 그러나 20여 년이 지난 지금 필자의 모습이 바로 과거 선배들의 모습이 아닐까. 이렇게 명료한 발음을 하는 아나운서들 사이에서 지내서인지 입을 잘 안 벌리고 웅얼웅얼 말을 하면 잘 안 들려 무척 답답하다. 특히 '아'라고 발음하는 것인지, '어'라고 하는 것인지 헷갈린다. 쳐다보니 영락없이 입을 안 벌리고 있다. 입을 안 벌리면 당연히 모음 발음은 제대로 나오지 않는 법이다.

　그래서 학생들과의 발음 연습에서 제일 먼저 이야기하는 것이 '입을 크게 벌리자'다. 잠깐 발레를 떠올려보자. 평소 늘 다리를 최대한 벌리는 훈련을 한다. 왜 그럴까? 자연스럽고 시원시원한 큰 동작을 하려면 움직이는 폭이 넓어야 한다. 그래서 아픔을 무릅쓰고 다리를 최대한 벌리는 훈련을 하는 것이다.

그렇다면 우리는 명료한 발음을 위해 어떻게 해야 할 것인가. 발레 연습 때처럼 크게 입을 찢어라? 그렇다. 두말할 필요가 없다. 평소 입을 크게 벌리고 말하는 훈련을 해야 한다. '아', '애'같이 입을 최대한 벌려야 정확한 발음이 나오는 모음들을 자꾸 발음해 보는 것도 중요한 훈련이다. 아래에 나오는 단어를 입 모양을 제대로 만들어 발음해 보자. 최대한 입을 벌려보자.

예 **사과**(과일), **새집**(새로운 집)

[아] : 아래턱을 완전히 아래로 내린다. 혀를 아주 낮추고 약간 안쪽으로 넣는다. 치과에서 입을 벌리듯이 하되 조금은 편안하게.

[애] : 보조개가 들어갈 정도로 입술에 힘을 주어 옆으로 잡아당긴다. 윗니, 아랫니가 보인다. 윗니와 아랫니 사이는 엄지손가락이 들어갈 정도로 벌린다.

입 모양을 제대로 만드는 얘기를 할 때면 예전에 아침 뉴스를 준비하는 선배들의 모습이 항상 떠오른다. 아침 출근을 해서 물을 마시고 '아아, 아아아' 목청을 틔우고 나서, '아, 에, 이, 오, 우, 아, 에, 이, 오, 우' 모음을 입을 크게 벌리며, 큰 소리로 여러 번 하는 모습 말이다. 아나운서들은 이것을 '입을 푼다'고 표현하는데, 왜 이런 과정이 필요할까? 운동 시작 전에 스트레칭을 하면 부상이 적고 몸이 잘 움직여지듯이 입을 미리 풀고 뉴스를 읽으면 오독이 훨씬 적다. 필자도 긴 시간 내레이션을 하기 전에 이 같은 입 운동을 하는 경우가 많다.

　학생들에게서 발견되는 발음 문제 중에 가장 많은 것이 바로 '모음 발음 문제'다. 입을 적게 벌리거나 제대로 입 모양을 만들지 못해 생기는 문제다. 발음의 명료성을 떨어뜨리는 가장 큰 이유, 이것은 아이가 엄마의 입 모양을 보고 말을 배우듯이 제대로 발음하는 사람을 보고 입 모양을 제대로 따라 해보면 문제가 해결된다. 대신 한 번으로는 어림도 없다. 어떤 모양으로 입을 만들어야 하는지 느낌을 확실히 알고 있어야 한다. 그래도 이 정도면 문제 해결은 의외로 간단하고 쉬운 편이다.

　좀 더 정확하게 설명하자면 모음은 '입 모양'과 '혀의 위치'에 의해 발음된다. 간혹 발음의 문제가 앞서 설명한 흔한 '입 모양'의 문제가 아닌 '혀의 위치'가 틀려서 생기는 경우를 발견할 때가 있다. 이 문제는 그리 쉽게 해결되지 않는다. 혀의 위치를 의식적으로 바로잡는 것이 그리 쉬운 일은 아니기 때문이다. 이 경우에는 별도의 처방전이 필요하다. 다음에 있는 '모음 사각도'를 참고할 필요가 있다. 이에 따라 모음을 발음할 때의 혀의 위치를 확인해 보자. '모음 사각도'는 입 안의 모습이다. 모음을 낼 때 혀가 어디에 위치하는지 그 느낌에 따라 그려놓은 것이다. 입 모양과 혀의 위치를 생각하면서 '모음 사각도'에 나오는 모음들을 다시 한 번 읽어보자.

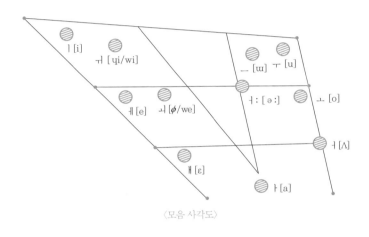

〈모음 사각도〉

우리말의 모음은 모두 21개다. 이 중 'ㅏ', 'ㅐ', 'ㅓ', 'ㅔ', 'ㅗ', 'ㅚ', 'ㅜ', 'ㅟ', 'ㅡ', 'ㅣ'는 단모음이다. 단모음을 한번 발음해 보자. 어떤 공통점이 있는가? 단모음은 입 모양이 변하지 않고 소리의 처음과 끝이 같은 모음, 즉 하나의 소리를 가진 모음이다. 'ㅚ', 'ㅟ'는 그렇지 않다고 주장하는 사람이 있어 이중모음으로 발음하는 것을 허용한다. 이 두 모음을 정확하게 단모음으로 발음하자면 입을 휘파람 불듯이 동그랗고 작게 내밀며 고정된 입 모양으로 발

132

음해야 한다.

그렇다면 나머지 모음 'ㅑ', 'ㅒ', 'ㅕ', 'ㅖ', 'ㅘ', 'ㅙ', 'ㅛ', 'ㅝ', 'ㅞ', 'ㅠ', 'ㅢ'는 무엇일까? 바로 이중모음이다. 모음 두 개가 한 음절을 이루는 경우다. 소리의 처음과 끝이 달라지는 모음이다. 구체적으로 말하자면 입 모양이 변하는 모음이다. 이 발음을 잘하는 것이 모음 발음의 완결. 어떻게 변하는지 확인하고 이중모음의 입 모양을 만들어보자. 자꾸 발음해 보자.

ㅑ : ㅣ → ㅏ	ㅒ : ㅣ → ㅐ	ㅕ : ㅣ → ㅓ
ㅖ : ㅣ → ㅔ	ㅘ : ㅗ → ㅏ	ㅙ : ㅗ → ㅐ
ㅛ : ㅣ → ㅗ	ㅝ : ㅜ → ㅓ	ㅞ : ㅜ → ㅔ
ㅠ : ㅣ → ㅜ	ㅢ : ㅡ → ㅣ	

이중모음은 입 모양을 위에서 제시한 대로 변화시켜 가며 발음해야 한다. 이중모음을 빠르게, 정확하게 발음할 수 있어야 모음의 발음이 완성되었다고 할 수 있다. 왜냐하면 이중모음은 연습을 하지 않으면 단모음에 비해 입을 움직이는 데 시간이 많이 걸리기 때문이다. 입이 큰 사람들의 경우 특히 더하다. 문장을 읽어낼 때 가장 정확하게 표현해야 하는 모음 발음. 이중모음의 발음이 잘된다면 모음은 넘어가도 좋다.

한 가지 기억할 것은 실제 문장 속에서는 이중모음이 단모음으로 발음되는 경우가 꽤 있다는 사실이다.

볼펜을 입에 물고
발음 연습을 한다?

드라마에서 아나운서 역할을 맡은 사람이 열심히 발음 연습을 하는 장면을 묘사할 때, 흔히 볼펜을 입에 물고 글을 읽는 것을 볼 수 있다. '가, 갸, 거, 겨…' 이런 탓인가. 이를 실전에서도 하는 경우를 가끔 본 적이 있다. 정말 어디에 도움이 되는 건가?

앞서 발음에 중요한 두 가지를 언급했다. '입 모양'과 '혀의 위치'. 그런데 볼펜을 입에 물면 입 모양은 고사하고 혀의 위치는 더더욱 신경 쓸 수가 없지 않은가. 그렇다면 볼펜을 입에 무는 것이 무엇에 도움이 되는 것일까? 발음 연습이 얼마나 어렵고 힘든 과정인지를 보여주려는 의도 아니겠는가.

또 하나, 아주 어려운 발음, 예를 들어 '간장 공장 공장장은…' 이런 말들을 빨리 제대로 읽는 훈련이 필요한 것처럼 말하는 오락 프로그램도 있었다. 실제 본인이 얼마나 빠른 속도로 틀리지 않고 발음을 할 수 있는가를 단편적으로 보여주기는 하지만, 실제 제대로 된 발음을 연습하는 데는 큰 효과가 없다. 발음 연습을 할 때는

'정확한 입 모양'을 유지하면서 '천천히', '반복'해서 읽는 게 중요하다. 입 모양을 제대로 만들기보다 속도를 우선하는 훈련은 효과적이지 않다. 그래도 보기에는 재미있고, 발음도 우스워서인지 드라마나 오락 프로그램 등에서는 아나운서들의 발음 공부를 과장해서 보여준다. 한마디로 재미를 더 증폭시키기 위해서다.

실제 발음 공부는 힘들다. 왜냐하면 그 연습 과정이 지루하고 성과가 쉽게 보이지 않아서다. 그러나 발음 공부가 탄탄하게 되어 있다면 그 위에 방송의 스킬을 쌓기가 정말 쉬워진다. 더구나 자신의 발음에 문제가 있다면 발음 공부를 하지 않고 그냥 넘어갈 수는 없다. 지독하게 해야 한다. 외국어 배울 때를 생각해 보자. 그 언어를 시작하는 초기 단계에 발음이 결정된다. 처음 들은 발음이 자신의 발음으로 굳어지기 십상이다. 그래서 발음은 언어 교육 초기에 확실하게 해두어야 한다. 아나운서도 마찬가지다. 아나운서 공부를 시작하는 단계에서 철저하게 해두어야 한다. 발음은 그 언어를 공부한 지 한참 시간이 지난 뒤 고치려고 하면 정말 많은 시간과 노력이 든다. 한번 잘못 길들여진 발음은 고치는 데 길들여진 만큼의 시간에 비례하는 시간이 든다고 보면 된다. 그러니 너무 성급하게 서둘지 말고 차근차근, 좋은 발음을 많이 들어보는 것에서 시작해 발음을 하나씩 내 것으로 만들어가야 할 것이다.

자음의
발음

자음의 발음이 큰 문제를 가진 경우는 드물다. 자음이 초성으로 오는 경우에는 별문제가 없다. 하지만 자음이 종성인 받침으로 오는 경우에는 정반대 상황이 된다. 외국인들을 보라. 우리말 발음에서 가장 어려워하는 것 중 하나가 바로 '받침'이다. 우리들도 발음이 틀리기 쉽거나 명확하게 발음하지 못하는 경우가 꽤 있다. 아래에 적어놓은 예들이 가장 틀리기 쉬운 받침 발음들이다. 본인이 어떻게 발음하는지 들어보자. 잘 모르겠다면 몇 번 해보자.

예 먼 바다, 헌법, 건강, 감기, 대한민국, 한강

어떻게 발음했는가? [멈:바다]? 아니면 [먼:바다]?

무엇이 맞는 발음일까?

맞는 발음은 [먼:바다]이다. 하지만 생각보다 많은 사람이 [멈:바다]라고 발음한다.

그렇다면 이 두 개의 발음은 어떤 차이에서 나오는 것인가?

먼저 혀의 위치를 생각해 보자. [멈:바다]는 혀가 아래에 말려 있는 느낌이다. 그렇다면 [먼:바다]는 혀가 어디에 있을까? 'ㄴ'

받침을 제대로 소리 내려면 혀가 앞니의 뒤쪽 입천장 부분을 건드리고 내려온다. 더 이해하기 쉽게 설명하자면, 영어의 'L' 자를 발음할 때와 유사하다고 할 수 있다. 혀가 입천장에 닿았다 딱 소리를 내며 떨어진다. 그래야 제대로 'ㄴ' 받침을 발음하는 것이다. 단, 영어의 'L' 발음은 혀에 힘이 더 들어가 혀 모양이 길쭉해지지만 우리말 음 'ㄴ'은 혀가 넓적하게 펴져 있어야 맞다. 혀 모양에 차이가 있는 셈이다.

　뉴스에 자주 등장하는 단어로 '대한민국'과 '한강'이 있다. 많이 등장하나 많이 틀리는 발음이다. [대:한민국]으로 발음해야 하는데, [대:함밍국]으로 발음하기 쉽다. '한강'도 [한:강]이 아닌 [항:강]으로 발음하는 경우가 많다. 혀의 위치와 모양을 대충 발음하기 때문이다. 이 부분에 주의해 다음 단어들을 발음해 보자.

	O	X
먼바다	[먼 : 바다]	[멈 : 바다]
준비	[준 : 비]	[줌 : 비]
헌법	[헌 : 뻡]	[험 : 뻡]
건강	[건 : 강]	[겅 : 강]
한강	[한 : 강]	[항 : 강]
대한민국	[대 : 한민국]	[대 : 함밍국]
감기	[감 : 기]	[강 : 기]
기념관	[기념관]	[기녕간]

여기서 자음 발음이 다 끝나는 것이 아니다. 많은 사람들이 혼동하거나 틀리기 쉬운 것은 이제부터다. 외국인이라면 난감해할 것이고, 아나운서들도 틀리는 경우가 많은 것, 바로 '겹받침'이다. 어떤 경우에는 앞에 있는 받침으로 발음하고, 어떤 경우에는 뒤에 나오는 받침으로 발음을 한다. 그러니 혼란스럽다. 여러 가지 규칙이 있고 예외도 있다. 규칙을 외우려 하면 부담된다. 우리말은 일단 제대로 된 발음을 많이 해봐야 한다. 자꾸 해보자. 입에 붙어서 그것이 자연스러워지면 된다. 많이 쓰이는 사례들을 확실하게 기억해 두자.

예 여덟, 넓다, 외곬, 핥다, 밟다, 넓죽하다, 맑다, 늙다, 읊다

'여덟'은 [여덜], '넓다'는 [널따], '외곬'은 [외골/웨골], '핥다'는 [할따]이다. 받침이 'ㄼ', 'ㄽ', 'ㄾ'은 모두 'ㄹ' 발음으로 소리 내는 건가. 그렇게 보면 '밟다'도 [발:따]가 맞을 것 같지만, [밥:따]가 정확한 발음이다. 여기에 '넓죽하다'도 [널쭈카다]가 아니라 [넙쭈카다]가 맞는 발음이다. 그렇다면 '맑다'는 무엇이 맞을까? [막따]가 맞다. '늙다'는 [늑따], '읊다'는 [읍따]로 소리 내야 한다. '어휴, 헷갈려'라고 할 수도 있다. 하지만 앞서 말했듯이 뉴스와 리딩에 가장 많이 나오는 예만 골랐으니 이것만이라도 자꾸 읽어 기억해 두자.

여덟	[여덜]	밟다	[밥 : 따]
넓다	[널따]	넓죽하다	[넙쭈카다]
외곬	[외골/웨골]	맑다	[막따]
핥다	[할따]	늙다	[늑따]
–	–	읊다	[읍따]

왼쪽 부분의 겹받침을 더 많이 읽어보기 바란다. 많이 읽어서 몸이 기억해야 한다. 그래야 완전히 내 것이 된다. 머리로 기억하는 게 1단계, 몸으로 기억하는 게 2단계다. 언어는 몸에 각인되어야 한다. 몸이, 입이, 혀가 기억하도록 반복하여 읽어보자.

예외는 있지만 겹받침에 대한 법칙을 하나 정리하자면, 겹받침 'ㄳ', 'ㄵ', 'ㄼ, ㄽ, ㄾ', 'ㅄ'은 어말 또는 자음 앞에서 각각 'ㄱ', 'ㄴ', 'ㄹ', 'ㅂ'으로 발음한다. 표의 오른쪽은 그 규정에서 벗어나는 예외들이다. 잊지 않도록 자꾸 읽어보자.

ㅅ, ㅈ의 발음이
유난히 샌다

자음 발음 중에 문제를 많이 일으키는 것 중 하나가 바로 'ㅅ', 'ㅈ', 'ㅊ'이다. 이 자음을 발음할 때 유난히 바람 새는 소리가 심해서 날카로운 소리가 들린다거나 혀 짧은 소리가 난다는 고민을 가진 사람들이 생각보다 꽤 있다. 아나운서 준비를 하는 학생들 중에도 이런 문제를 가진 경우가 꽤 있다. 특히 'ㅅ', 'ㅈ', 'ㅊ'의 자음이 모음 '이'나 '으'를 만날 때 유난히 발음이 샌다고 호소한다. 왜 그럴까?

'ㅅ'은 혀끝과 윗잇몸이 접하는 위치에서 나는 소리인 '치조음'이자 윗니, 아랫니와 혀 사이 좁은 틈으로 공기가 통과하면서 마찰이 일어나 발음되는 '마찰음'이다.

'ㅈ', 'ㅊ'은 예전에는 다 같은 치음으로 봤지만, 최근에는 혀의 앞부분이 치조 뒤 단단한 입천장에 닿아서 나는 소리인 '경구개음'이자, 폐쇄-지속의 과정을 거치면서 공기의 압력이 높아졌을 때 파열 대신 마찰의 과정을 거치는 '파찰음'이다. 쉽게 표현하자면 소리의 앞부분은 파열음과 비슷하고, 뒷부분은 마찰음과 비슷한 소리다.

'ㅅ'이나 'ㅈ', 'ㅊ' 모두 조음점이 윗잇몸 부근인 데다 혀가 닿으면서 '마찰'되면서 나는 소리다. 마찰되는 소리니 원래도 약간 새는 것처럼 들리기 쉽다는 말이다. 거기다 모음이 '이'나 '으'처럼 혀를 앞으로 가져오는 경우라면 새는 소리가 더욱 심해지게 마련인 것이다.

이런 일반적인 경우가 아닌 'ㅅ', 'ㅈ', 'ㅊ'의 발음이 유난히 새는 사람들의 경우를 살펴보자. 이들은 'ㅅ', 'ㅈ', 'ㅊ' 발음을 할 때 보통 사람보다 혀의 위치가 더 앞으로 나와 있는 경우가 많다. 이 것을 확인하기 위해 모음 '아'가 들어간 발음, 예를 들어 '사과', '자연' 등의 단어를 읽어보라고 한다. 'ㅅ', 'ㅈ', 'ㅊ'의 발음이 유난히 새는 사람들은 '사' 발음을 할 때조차도 다른 사람보다 혀가 앞으로 나와 있다. '아' 발음을 할 때는 혀가 입 중간 아래쪽에 위치해야 맞다. 그러니 '사' 발음을 할 때도 혀는 'ㅅ' 발음을 할 때 보다는 약간 뒤쪽, 중간 근처에 위치해야 맞다. 정확하게 표현하자면 'ㅅ' 발음을 할 때의 혀의 위치와 '아' 발음을 할 때의 혀의 위치 중간쯤에 혀가 와야 맞는 것이다. 그런데 새는 발음을 가진 경우는 혀가 훨씬 앞에 온다.

혀의 위치를 교정해 보자. 혀의 위치를 모음에 맞춰 조금 더 안으로 넣는 훈련을 '아' 모음이 동반되는 발음과 연습해 보자. 혀의 위치를 의식하면서 발음해 보자.

꾸준히 혀의 위치를 익혀야 한다. 그러면 다른 모음과 함께 발음하더라도 덜 새는 발음이 될 것이다. 다시 말해, 혀의 위치가 자꾸 앞으로 나가려는 것을 제자리로 갖다놓으면 새는 발음을 교정할 수 있다. '모음 사각도'를 참고하여 모음에 따른 혀의 위치대로 발음하도록 노력해 보자.

치아 교정기 사용도
발음을 변화시킨다

아카데미 교육을 하다 보면 자음 발음에 문제가 많은 학생을 간혹 만나게 된다. 흔한 경우는 아니다. 처음에는 왜 그런가 싶어 여러 가지 질문을 하다 보면 오랜 시간 치아 교정기를 사용해 왔다는 걸 알게 된다. 비록 이들이 현재 치아 교정기를 사용하지 않아도 혀는 오랫동안 교정기에 익숙해져 있는 것이다.

처음 치아 교정기를 쓰면 혀가 평소 발음하듯이 하면 약간의 통증을 느끼게 된다. 그래서 혀가 제대로 된 조음점을 피하고 점점 그것에 익숙해진다. 그러다 보면 발음이 달라진다.

이렇게 발음이 달라지는 데도 시간이 걸렸지만, 이것을 바로잡는 데도 시간이 많이 걸린다. 신경을 쓰지 않고 계속 발음한다면 고치지 못할 수도 있다. 얼마나 혀의 위치를 의식하고 발음하느냐가 관건이다. 그래야 고칠 수 있다.

앞서 'ㅅ', 'ㅈ', 'ㅊ' 발음에 대해 살펴보면서 느꼈겠지만, 자음도 '조음 방식'과 '조음 위치'가 발음을 결정한다. 그러니 치아 교정기 사용으로 인한 조음 위치의 변화는 발음의 변화를 가져올 수밖에 없다.

모음 위치에 따른 자음을 확인해 보고, 자신의 조음 위치가 어떻게 다른지 확인해 보자.

양순음　입술 폐쇄에 관계된 발음이라 혀의 위치와는 큰 상관이 없는 소리다.
　　　　　'ㅂ', 'ㅍ', 'ㅃ', 'ㅁ'이 여기에 해당한다.

치조음　혀끝이 윗니 뒤 치조에 닿거나 근접해 발음되는 소리다.
　　　　　'ㄷ', 'ㅌ', 'ㄸ', 'ㅅ', 'ㅆ', 'ㄴ', 'ㄹ'이 여기에 해당한다.

경구개음　혀의 앞부분이 치조 뒤 단단한 입천장에 닿아서 나는 소리다.
　　　　　'ㅈ', 'ㅊ', 'ㅉ'이 여기에 해당한다.

연구개음　혀의 윗부분이 경구개 뒤 부드러운 입천장에 닿아서 나는 소리다.
　　　　　'ㄱ', 'ㅋ', 'ㄲ', 'ㅇ'이 여기에 해당한다.

후두음　성대 사이 후두에서 나는 소리다.
　　　　　'ㅎ'이 여기에 해당한다.

치조음, 경구개음, 연구개음의 경우가 혀의 위치와 관계된 발음이니 치아 교정기를 썼을 경우 이 발음들에서 문제가 발생할 가능성이 높다. 이 발음들의 조음 위치를 제대로 확인하고 발음해 보자. 조급한 마음보다는 편하고 여유 있는 마음으로 노력해 보자.

우리말의
고저장단

우리말에 무슨 고저장단이 있나, 그걸 굳이 지켜야 하나 이런 생각들을 할 것이다. 우리말의 고저장단의 상당 부분은 한문에서 온 단어에 있다. 중국어는 비슷한 발음도 4성의 성조로 구분을 하고 있지만, 그것을 우리말로 옮기다 보면 동음이의어가 되는 경우가 많다. 동일한 발음을 가졌으나 뜻이 다른 단어 동음이의어는 장·단음으로 구분할 수밖에 없지 않은가. 우리말의 고저장단을 알고 지키는 것은 특히 뉴스 리딩에서 중요하다. 짧지만 명료하게 전달해야 하는 뉴스에서 정확한 의미 전달을 위해서도 필수적이다. 흔히 쓰이는 단어 가운데 구분해야 할 장·단음을 정리해 보았다.

가정(假定) **[가 : 정]** **가정**(家庭)	어떤 조건이나 전제를 내세움. 한 가족이 생활하는 집.
거리(距離) **[거 : 리]** **거리**[街]	두 개의 물건이나 장소 따위가 공간적으로 떨어진 길이. 사람이나 차가 많이 다니는 길.
감사(感謝) **[감 : 사]** **감사**(監査)	고마움을 나타내는 인사. 감독하고 검사함.
경기(競技) **[경 : 기]** **경기**(景氣)	일정한 규칙 아래 기량과 기술을 겨룸. 운동 경기. 매매나 거래에 나타나는 호황·불황 따위의 경제 활동 상태.

고전(古典) [고 : 전]	오랫동안 많은 사람에게 널리 읽히고 모범이 될 만한 문학이나 예술 작품.
고전(苦戰)	전쟁이나 운동 경기 따위에서, 몹시 힘들고 어렵게 싸움. 또는 그 싸움.
눈 [눈 :]	대기 중의 수증기가 찬 기운을 만나 얼어서 땅 위로 떨어지는 얼음의 결정체.
눈	얼굴에 있는 감각 기관 중 하나.
말 [말 :]	음성 기호로 생각이나 느낌을 표현하고 전달하는 행위.
말¹	말과의 포유류.
말²	곡식, 액체, 가루 따위의 부피를 잴 때의 단위.
무력(武力) [무 : 력]	때리거나 부수는 따위의 육체를 사용한 힘.
무력(無力)	힘이 없음.
벌 [벌 :]	벌목에 속하는 곤충을 이르는 말.
벌(罰)	잘못하거나 죄를 지은 사람에게 주는 고통.
부자(富者) [부 : 자]	재물이 많아 살림이 넉넉한 사람.
부자(父子)	아버지와 아들.
부정(否定) [부 : 정]	그렇지 아니하다고 단정하거나 옳지 아니하다고 반대함.
부정(不正)	올바르지 아니하거나 옳지 못함.
사과(謝過) [사 : 과]	자기의 잘못을 인정하고 용서를 빎.
사과	사과나무의 열매.
성인(聖人) [성 : 인]	지혜와 덕이 매우 뛰어나 길이 우러러 본받을 만한 사람.
성인(成人)	자라서 어른이 된 사람. 보통 만 20세 이상의 남녀.
새집 [새 : 집]	새의 둥지.
새집[新屋]	새로 지은 집.

정당(正當) [정 : 당] 정당(政黨)	'정당하다'의 어근. 이치에 맞아 올바르고 마땅함. 정치적인 주의나 주장이 같은 사람들이 정권을 잡고 정치적 이상을 실현하기 위하여 조직한 단체.
회의(會議) [회 : 의] 회의(懷疑)	여럿이 모여 의논함. 또는 그런 모임. 의심을 품음. 또는 마음속에 품고 있는 의심.

서로 뜻을 비교하면서 읽다 보니 이해는 쉽지 않은가. 처음에는
이 어휘들의 느낌을 기억하고, 그다음에는 의미를 생각하며 반복
해서 읽어보면서 확실하게 사용할 수 있도록 해야 한다.

이번에는 동음이의어는 아니지만, 뉴스에서 가장 많이 쓰이는
단어들 중 장음긴 발음만 정리해 보았다. 《아나운서 교본》에 나온
장음들 중에서 또 한 번 추렸다. 자꾸 연습하고, 기억하고, 제대로
발음해 보자.

사 : 실	산 : 업	시 : 위	토 : 론	임 : 금	정 : 상조 : 업
계 : 획	마 : 약	시 : 민	금 : 지	시 : 판	사 : 전(事前)
건 : 설	거 : 래	총 : 재	회 : 담	요 : 청	대 : 통령
처 : 형	광 : 장	비 : 준	진 : 압	창 : 립	연 : 구소
피 : 신	제 : 조	장 : 관	찬 : 반	영 : 향	유 : 력지
찬 : 양	계 : 층	최 : 고	공 : 헌	연 : 설	탄 : 원서
제 : 재	거 : 부	내 : 정	이 : 견	반 : 발	공 : 산당
오 : 염	교 : 육	사 : 태	사 : 건	현 : 재	항 : 공기

귀 : 가	현 : 실	문 : 제	반 : 역죄	저 : 작권	방 : 송국
예 : 상	면 : 회	품 : 목	교 : 과서		

우리말 표준어 규정을 살펴보면 소리의 장단으로 의미 분화는 있지만 고저는 없다고 한다. 그러나 아나운서들은 몇 가지 유의할 억양이 있다. 앞서 뉴스에서 많이 쓰이는 장·단음 단어들을 보면, 한자어에서 유래한 단어들이 많다는 것을 알 수 있다. 한자음은 소리의 높낮이나 길이로 인해 뜻이 여러 가지로 분화하는데, 이 중 소리의 높낮이를 '자고저'라고 한다. 중국어 4성조에서 유래된 우리말의 '자고저'는 주로 높고도 긴 발음을 의미한다. 아래 단어들이 그러한 예들이다. '어', '여' 발음은 '어'와 '으' 사이, '여'와 '으' 사이의 소리를 낸다.

검 : 찰 | 경 : 찰 | 서 : 초구 | 전 : 기 | 전 : 력

여기에 적어놓은 발음들만 잘 구분하고 발음할 수 있다면 뉴스를 해나가는 데 큰 어려움은 없을 것이다. 발음 연습을 충분히 해놓으면 뉴스 리딩에서 맞닥뜨리게 되는 여러 가지 어려움들을 해결할 수 있다. 발음 연습은 뉴스 리딩에 들어가기 전에 충분히 해두는 것이 좋다.

Step 8

뉴스 리딩

드디어 '아기다리고기다리던' 뉴스 원고를 읽는 시간. 이때가 되면 멘토링을 받는 학생들의 눈빛이 정말 초롱초롱해진다. 실전으로 들어가기 때문이다.

잔소리 같지만 이 순서를 잘 해나가기 위해서는 발음 부분을 차근차근 잘 연습해 와야 한다. 그냥 여기서부터 해달라고 조르는 학생들이 간혹 있는데 절대 그럴 수는 없다. 어느 분야든 기초가 탄탄해야 위에 뭘 쌓기가 좋은 법이다.

"지금까지 내가 내준 숙제를 어김없이 해온 친구들은 뉴스 원고를 펴봅시다. 자, 그럼 원고를 한 번씩 읽어볼까요?"

긴장한 빛이 역력한 채로 학생들은 뉴스 원고를 읽는다.

미국 정부의 첩보 감시망 등 기밀을 폭로한 에드워드 스노든이 오늘 홍콩을 떠나 모스크바로 향했다고 홍콩 언론이 보도했습니다.

러시아 이타르타스 통신은 스노든이 오늘 오후 모스크바 공항을 거쳐 쿠바로 간 뒤 다시 남미 최대 반미 국가인 베네수엘라로 향할 가능성이 높다고 전했습니다.

이에 대해 홍콩 당국은 "스노든이 합법적인 경로로 홍콩을 떠나 제3국으로 갔다"며 이 같은 사실을 미국 정부에도 통보했다고 밝혔습니다.

앞서 미국은 홍콩 정부에 스노든에 대한 임시 체포 영장을 발부해 줄 것을 요청했지만, 홍콩 당국은 미국 측 서류가 부합하지 않아 스노든의 출국을 막지 않았다고 밝혔습니다.

　　뉴스 리딩의 전체적인 느낌이 자연스럽지 않다. 뉴스의 흐름을 흉내를 내고는 있으나 진정한 뉴스의 흐름은 아니다. 어찌 보면 당연하다. 목표가 아나운서들처럼 뉴스를 한번 해보면 좋겠다는 생각 정도일 테니 말이다. 이 정도 생각으로는 그에 못 미치는 결과가 나오게 마련이다. 더 절실하게 더 고민하고 더 높은 목표를 잡아야 한다.

뉴스를 읽으면서 어떻게 하면 잘 전달할 수 있을 것인가, 어떻게 하면 뉴스가 귀에 쏙쏙 들어오게 들려줄 수 있을까, 더불어 뉴스가 진정 전하려고 하는 그 의미까지 담는 방법을 찾아야 할 것이다.

"필요는 발명을 낳는다." 정말로 간절히 알고 싶어 하면 길은 나타나게 마련이다. 먼저 스스로 고민을 해보자.

필자는 입사 초 아나운서실 교육을 받으면서 한 가지 고민에 빠졌다. 뉴스를 가르쳐주는 선배마다 조금씩 그 방법이 다른 것이다. 정말 혼란스러웠다. 도대체 어떻게 하라는 말인가? 그래서 질문을 했다. "다른 선배의 방법은 틀린 건가요?"라고.

아나운서들이 진행하는 뉴스를 들으면서 공부하는 학생들도, 아나운서들에게 멘토링을 받는 학생들도 간혹 이런 고민에 빠질 것이다. 그런데 한번 냉정하게 생각해 보라. 방송이라는 것이 어디 고등학교처럼 정해진 교과서가 있는가? 리딩의 정답 또한 하나밖에 없으랴. 그래서 흔히 방송국에 입사를 하면 방송이라는 것이 일종의 장인들이 기술을 전수하는 도제 시스템처럼 될 수밖에 없다는 것을 깨닫게 된다.

돌이켜 보면 나 역시 좋아하는 선배의 방송을 따라 하면서 방송에 대한 기본적인 노하우를 배우고, 거기서 내 개성과 성격, 방송 철학에 맞는 나만의 길을 찾게 되었다. 그러니 당연히 아나운서들의 숫자만큼이나 다양한 교육법이 존재할 수 있다는 말이다.

우리의 교육이 우리로 하여금 늘 정답만을 찾게 한다. 그러나 인생에는 정답이란 게 없다. 방송도 그렇다. 어떤 방송을, 어떻게 하는 것이 정답인가. 단지 자신에게 맞는 방법을 찾는 것이 중요할 뿐이다. 자신의 목소리와 외모, 성품과 맞아떨어지는 방송을 하는 것이 자연스러울 것이고, 자신이 좋아하는 분야, 열정을 쏟을 수 있는 분야에서 일을 해야 오랫동안 할 수 있을 것이다.

뉴스 원고를
제대로 읽어보자

한 방송인의 진행 스타일은 그 사람이 방송을 배우던 시기와 영향을 준 방송 선배들, 그리고 방송인 본인의 성격과 밀접한 관계가 있다. 나도 마찬가지다. 내가 뉴스를 배우던 시대는 뉴스의 흐름이 크게 변화되던 시기였다. 딱딱하고 전통적인 뉴스에서 자연스럽게 말하듯이 하는 뉴스로 옮아가던 시기였다. 그 흐름을 KBS와 MBC가 주도하고 있었다.

나는 개인적으로 이런 자연스러운 뉴스, 꾸밈없는 방송이 좋았다. 뉴스를 읽는 게 아니라 말하는 게 좋았다. 뉴스는 왜 말할 수 없는지 늘 생각했다. 내용을 잘 알고 그 의미를 이해한다면 내 말로 할 수 있지 않을까? 여기서 나아가 세상사 이야기를 가슴으로 느끼고 표현해야 하는 것 아닌가? 내가 뉴스를 하면서, 방송을 하면서 늘 붙들고 있는 화두였다.

사실 방송을 하는 사람들의 고민과 달리 시청자들에게 방송이란 그냥 '일상'에 불과하다. 혼자 밥을 먹을 때, 화장을 할 때, 누구와 말도 나누고 싶지 않을 때 텔레비전을 켠다. 그래서 방송은 자연스럽고 편안한 존재여야 한다. 대꾸도 하지 않으려는 사람들에게 말을 거는 행위에 가깝다고 할 수 있다. 그러나 사실 방송인들이 처한 상황은 카메라 여러 대가 쳐다보고 있고, 눈부시게 환한 조명이 앞을 밝히고 있는, 완벽한 자연스러움이란 게 있을 수 없는 상황이다. 하지만 이런 여건 속에서도 자연스러움을 구현해 내야 하는 것이 바로 방송인의 숙명적인 역할이다.

그래서 필자는 고민했다.

'어떻게 하면 자연스러움을 구현해 낼 수 있을까?'

긴장되는 현실의 상황을 잊고 내용 속으로 빠져들어 버리는 것이었다. 그렇다면 뉴스의 경우도 마찬가지가 아니랴. 뉴스 내용 속으로 파고들면 되는 것이다. 뉴스를 속속들이 이해하고, 뉴스 문장 간의 의미와 차이, 그 뉴스의 가치가 어느 정도인지까지도 전달하려고 해야 하지 않을까.

그렇게 하려면 먼저 마음가짐이 중요하다. 일단 뉴스에 호기심을 가져야 한다. 그래야 단어와 문장에 느낌이 살아난다. 관심 있는 것과 아닌 것은 말투에 확연히 드러난다. 그다음으로는 마음을 편안히 할 필요가 있다. 다시 말해 힘을 빼야 한다는 것이다. 잘하려고 지나치게 욕심을 내다 보면 입에, 목소리에 힘이 들어간다. 이런 인위적인 힘이 빠져야 자연스럽다. 호기심과 열정은 있되, 과도한 욕심을 부리지 않는 선. 담장 위를 걷는 것과 같다. 한쪽으로 조금이라도 치우치는 그 순간 바로 떨어진다. 따라서 균형을 잘 잡아야 한다.

그다음으로는 뉴스의 내용을 아는 게 가장 중요하다. 대충 눈으로 이해되는 수준이 아니라 내가 그 기사를 쓴 것처럼 속속들이 알고 있어야 한다는 뜻이다. 그렇다면 어떻게 완벽하게 이해할 수 있을까. 나는 몇 년간 뉴스를 뜯어보고, 생각해 보고, 읽어보고, 들어보고 하면서 나만의 '뉴스 내용 파악 리딩법'을 고안해 냈다. 이것은 뉴스를 자연스럽게 만드는 데 있어서 생각보다 효과적인 방법이다. 문장의 구조를 파악하고, 문장 간의 관계를 이해하고 나면, 어느 누구라도 뉴스 리딩이 자연스러워지고, 기존의 패턴화된, 전형적인 리딩의 모습을 보이지 않게 된다.

일반 리딩과 내용 파악 리딩의 차이를 직접 느껴보기 위해, 뉴스 원고를 읽어가면서 생각해 보자. 둘의 차이를 한번 직접 느껴보길 바란다.

뉴스 원고

미국 정부의 첩보 감시망 등√ 기밀을 폭로한√ 에드워드 스노든이√ 오늘√ 홍콩을 떠나√ 모스크바로 향했다고√ 홍콩 언론이√ 보도했습니다.

러시아 이타르타스 통신은√ 스노든이√ 오늘 오후√ 모스크바 공항을 거쳐√ 쿠바로 간 뒤√ 다시√ 남미 최대 반미 국가인√ 베네수엘라로 향할 가능성이 높다고√ 전했습니다.

이에 대해√ 홍콩 당국은 "스노든이√ 합법적인 경로로 홍콩을 떠나√ 제3국으로 갔다"며√ 이 같은 사실을√ 미국 정부에도 통보했다고√ 밝혔습니다.

앞서 미국은√ 홍콩 정부에√ 스노든에 대한 임시 체포 영장을√ 발부해 줄 것을 요청했지만,√ 홍콩 당국은√ 미국 측 서류가 부합하지 않아√ 스노든의 출국을 막지 않았다고√ 밝혔습니다.

뉴스를 읽으면서 끊어 읽어야 하는 기본적인 단락을 나누어보았다. 혹자는 이보다 더 많이 끊어 읽어야 한다고 할 수도 있다. 이 끊어 읽기는 나만의 끊어 읽기 방식이니 다른 논란은 여기서 그만두자.

이렇듯 뉴스 리딩은 '끊어 읽기'에 초점을 두고 있다. 어디서 끊어 읽느냐를 중요시한다. 그래서 뉴스 원고를 받아 들면 아나운서들은 제일 먼저 원고 위에 끊어 읽기 표시를 한다. 그러나 이 끊어 읽기에 숨어 있는 함의를 모른 채 그냥 끊어만 읽는다면 모든 문장은 리듬을 타게 될 것이다. 음악의 쉼표처럼 규칙적인 쉼표가 또 하나의 음표가 되듯이. 음악에서 이 쉼표가 느껴지지 않아야 하듯이 뉴스에서도 이 끊어 읽기가 느껴지지 않게 넘어갈 수 있도록 읽어보자. 그러기 위한 단계를 하나씩 밟아보자.

1단계 : 주어와 동사부터 찾자

우리말의 구조를 한번 떠올려보자. 영어와 달리 주어와 동사가 참으로 멀리 떨어져 있다. 처음부터 끝까지가 한 문장이라는 것을 알게 해주기 위해서는 '주어'와 '동사'를 잘 연결해 읽어야 한다. 그렇게 하려면 문장 안에서 '주어와 동사부터 찾는 것'이 순서가 아닐까. 주어와 동사를 찾아 그 문장의 뼈대를 만들며 다시 읽어보자.

미국 정부의 첩보 감시망 등 기밀을 폭로한 에드워드 스노든이 오늘 홍콩을 떠나 모스크바로 향했다고 홍콩 언론이 보도했습니다.

러시아 이타르타스 통신은 스노든이 오늘 오후 모스크바 공항을 거쳐 쿠바로 간 뒤 다시 남미 최대 반미 국가인 베네수엘라로 향할 가능성이 높다고 전했습니다.

이에 대해 홍콩 당국은 "스노든이 합법적인 경로로 홍콩을 떠나 제3국으로 갔다"며 이 같은 사실을 미국 정부에도 통보했다고 밝혔습니다.

앞서 미국은 홍콩 정부에 스노든에 대한 임시 체포 영장을 발부해 줄 것을 요청했지만, 홍콩 당국은 미국 측 서류가 부합하지 않아 스노든의 출국을 막지 않았다고 밝혔습니다.

(주어: 초록색 박스/ 동사: 회색 박스/ 인용문의 주어: 초록색 글자/ 인용문의 동사: 회색 글자)

주어와 동사를 한눈에 쉽게 찾았는가? 생각보다는 쉽지 않을 것이다. 이 말은 그동안 뉴스 원고를 읽으면서 주어와 동사를 찾아본 적이 많지 않다는 것을 뜻한다. 영어 문장을 해석하는 데도 주어와 동사를 먼저 찾는 것이 중요하듯 우리말도 그렇다. 특히 우리말처럼 주어와 동사의 간격이 많이 떨어져 있는 경우에는 더욱 그렇다.

첫 문장을 살펴보자. 주어, 동사가 무엇인가?

'홍콩 언론이'까지가 주어다. 그럼 동사는? '보도했습니다'이다. 가만히 보니, 이 문장은 복합문이다. 큰 주어, 동사 안에 작은 인용문이 있고, 그 문장의 주어, 동사가 있다. 인용문의 주어는 바로 '에드워드 스노든이'다. 동사는 두 개가 나란히 연결되어 있다. '떠나'와 '향했다'이다.

두 번째 문장은 주어가 '러시아 이타르타스 통신은'이고, 동사가 '전했습니다'이다.

세 번째 문장의 주어는 '홍콩 당국은'이고, 동사는 '밝혔습니다'이다.

마지막 문장은 주어가 '미국은'과 '홍콩 당국은'이고, 동사는 '요청했지만'과 '밝혔습니다'이다.

문장이 다르게 보이지 않는가. 주어와 동사를 표시하고 나니 이제 겨우 문장의 큰 뼈대가 보이기 시작한다. 아직까지는 소리 내서 읽을 단계가 아니다. 좀 더 분석이 필요하다. 다음 단계로 가 보자.

이 뉴스는 네 개의 문장으로 구성되어 있다. 대부분의 라디오 뉴스 원고는 3～4개의 문장으로 이루어져 있다. 그렇다면 이 가운데 가장 중요한 문장은 무엇일까?

뉴스마다 다 다르다. 어떤 뉴스는 말미에 가장 중요한 문장을 배치하기도 하고, 두세 번째 문장에 가장 중요한 문장을 배치하기도 한다. 그러나 상당수 뉴스 원고는 첫 번째 문장이 가장 중요한, 핵심적인 내용을 정리해 놓은 문장인 경우가 많다. 앞의 뉴스도 마찬가지다.

흔히 뉴스의 헤드head인 첫 문장은 앞으로 이어질 뉴스의 내용을 요약해 주는 역할을 많이 한다. 다시 말해 뉴스의 주요 내용을 한 문장으로 압축해 놓은 것이니 당연히 가장 중요할 수밖에 없다. 가장 중요한 뉴스 내용에 밑줄을 그어보자. 스노든이 홍콩에 있다고 알고 있었는데 모스크바로 떠났다는 뉴스다. 이 내용이 가장 궁금한 것이다.

그럼 두 번째 문장은 첫 번째 문장과 어떤 관계일까? 두 번째 문장이 첫 번째 문장에 대한 부연 설명이다. 모스크바로 떠나 거기에 그대로 머무는 것이 아니라, 종국에는 베네수엘라로 갈 가능성이 높다는 것이다.

그렇다면 세 번째 문장은 또 어떤 관계인가? 세 번째 문장은 두 번째 문장에 대한 부연 설명이다. 스노든이 불법으로 떠난 것이 아니라 합법적인 경로로 베네수엘라로 간다는 것이다.

네 번째 문장을 통해서는 홍콩 당국이 합법적이기에 스노든의 출국을 막지 않았다고 추측해 볼 수 있다. 계단을 내려오듯, 상자 안 상자를 풀듯, 궁금한 것을 하나씩 구체적으로 더 내놓고 있는 구조다.

그렇다면 가장 천천히, 강조해서 읽어야 할 문장은 과연 어떤 문장일까? 바로 첫 번째 문장이다. 모든 것이 축약, 정리되어 있는 문장이기에 가장 또박또박 큰 소리로 읽어야 한다. 다음 문장, 다음 문장이 궁금증을 하나씩 풀어주는 부연 설명식의 문장이기에 계단을 내려가듯 문장을 시작하는 첫 음도 자연스레 하나씩 내려가면 된다. 이해하겠는가. 이런 느낌으로 다시 읽어보자.

3단계 : 중요한 단어에 밑줄을 긋자

아나운서가 된 후, 뉴스에 투입되고 나서 선배들과 나의 가장 확연한 차이 중에 하나가 뉴스 준비를 하면서 선배들은 '묵독黙讀: 소리 내지 않고 읽음'을 하는 데 반해 나는 항상 소리를 내서 읽는다는 점이었다.

왜 그런지 생각했다. 뉴스를 소리 내서 자꾸 읽다 보면 나도 모르게 흐름을 타면서 노래하듯이 금방 어떤 패턴에 묶이게 된다. 그러나 소리를 내지 않고 읽다 보면 그 내용을 더 정확하게 파악하고, 앞서 말한 것처럼 흐름과 패턴 속에 갇히지 않는다. 그래서 뉴스의 내용이 완전히 파악되기 전에 소리를 내서 읽는 것은 바람직하지 않다. 그 후로는 나도 뉴스 준비를 하면서는 항상 묵독을 한다.

그러니 아직 뉴스를 소리 내서 읽고 싶더라도 조금만 더 참아라. 조금 더 문장을 보자. 주어와 동사도 찾았고, 문장 간의 관계도 보았다. 여기서 하나 더 그 문장 안에서 '반드시, 꼭 전달해야 할 말'을 찾아보자. 그리고 밑줄을 긋자.

이렇게 준비가 거의 된 상태에서 이런 마음을 먹어보자. 누워서 뉴스를 듣고 있지 않은 사람 귀에도 쏙쏙 들어가게, 가장 쉽고, 정확하게 전달해 보겠다고 말이다. 다른 잡념을 다 떨치고 오직 뉴스의 내용만 생각하겠다고. 하나의 뉴스 원고 속에서 어떤 문장이, 어떤 내용이, 어떤 단어가 가장 중요한지를 계속 생각하면서 읽어가겠다고.

또한 하나의 뉴스와 다음 뉴스, 그다음 뉴스들 간의 가치를 판단하여 강조할 뉴스와 그렇지 않은 뉴스를 선별해 두자. 뉴스의 순서를 정하는 편집 작업은 기자의 역할이라고 해도 뉴스의 가치value

를 판단하고 평가하는 일을 포기해서는 안 된다. 마지막 전달자만의 가치와 판단이 시청자, 청취자들에게는 가장 중요한 것인지도 모른다.

뉴스 원고

1. 미국 정부의 첩보 감시망 등 기밀을 폭로한 <u>에드워드 스노든</u>이 오늘 홍콩을 떠나 <u>모스크바로 향했다</u>고 홍콩 언론이 보도했습니다.

2. 러시아 이타르타스 통신은 <u>스노든</u>이 오늘 오후 <u>모스크바 공항</u>을 거쳐 <u>쿠바로 간 뒤 다시 남미 최대 반미 국가인 베네수엘라로 향할 가능성</u>이 높다고 전했습니다.

3. 이에 대해 홍콩 당국은 "<u>스노든이 합법적인 경로로 홍콩을 떠나 제3국으로 갔다</u>"며 이 같은 사실을 미국 정부에도 통보했다고 밝혔습니다.

4. 앞서 미국은 홍콩 정부에 스노든에 대한 임시 체포 영장을 발부해 줄 것을 요청했지만, 홍콩 당국은 미국 측 서류가 부합하지 않아 <u>스노든의 출국을 막지 않았다</u>고 밝혔습니다.

최종 뉴스 원고

미국 정부의 첩보 감시망 등 기밀을 폭로한 에드워드 스노든이 오늘 홍콩을 떠나 모스크바로 향했다고 홍콩 언론이 보도했습니다.

러시아 이타르타스 통신은 스노든이 오늘 오후 모스크바 공항을 거쳐 쿠바로 간 뒤 다시 남미 최대 반미 국가인 베네수엘라로 향할 가능성이 높다고 전했습니다.

이에 대해 홍콩 당국은 "스노든이 합법적인 경로로 홍콩을 떠나 제3국으로 갔다"며 이 같은 사실을 미국 정부에도 통보했다고 밝혔습니다.

앞서 미국은 홍콩 정부에 스노든에 대한 임시 체포 영장을 발부해 줄 것을 요청했지만, 홍콩 당국은 미국 측 서류가 부합하지 않아 스노든의 출국을 막지 않았다고 밝혔습니다.

감회가 어떤가. 뉴스를 소리 내어 읽기까지.

뉴스만이겠는가? 이런 기본적인 준비도 없이 어찌 방송에 임하랴. 그러나 이런 뉴스 리딩 방식을 마치고 나면 자연스러움을 기술적으로 연출하지 않아도 저절로 자연스러운 뉴스 리딩이 된다. 뉴스의 내용에 대한 충분한 이해와 해석이 뒷받침되기 때문이다. 그러니 끊어 읽기의 틀 안에 갇히지 말고 읽어보자. 뉴스의 패턴을 가졌거나 자꾸 뉴스를 읽는 게 비슷하게 된다면 이 방법을 반드시 시도해 보자. 형식보다 내용을 중시함으로써 형식적 틀로부터 자유로워지는 것이다. 내가 뉴스의 자연스러움을 끌어내기 위해 많은 학생들에게 적용해 본 가장 손쉬운 방법이기도 하다.

뉴스 리딩의 핵심은
내용 파악이다

정용실의 뉴스 리딩 방법을 한마디로 정리하라면, 바로 '뉴스 내용'을 대충 이해하지 말고 '속속들이 알아내자'는 것이다. 특히 소리 내어 읽기에 앞서 눈으로, 머리로 찬찬히 그 내용과 의미, 가치를 뜯어보는 단계를 가져야 한다. 대부분의 아나운서 준비생들은 이 단계를 소홀히 한다. 아마도 뉴스 읽기를 소리 내어 읽는 것으로만 생각하기 때문인 듯하다.

그러나 경력이 많은 아나운서도 아니고, 어찌 난생처음 보는 뉴스 내용을 한눈에 척 보고 안다는 말인가. 아니면 뉴스가 문장이 몇 개 안 된다고 너무 쉽게 생각하는 것 아닌가. 문장에 대한 이해력, 독해력은 결국 얼마나 많은 문장을 읽어보았느냐, 그리고 글을 써보았느냐가 좌우한다. 그렇지 않고는 대부분 우리말 이해력이 그리 높지 않다. 그래서 앞서 독서의 중요성, 글쓰기의 중요성을 그리도 열심히 언급한 것이다.

나는 학생들에게 나의 뉴스 리딩법을 알려주기 전에 먼저 충분한 시간을 주면서 뉴스를 소리 내지 말고 눈으로 읽어보라고 한다. 그리고 뉴스 원고를 치우고 묻는다. 읽은 뉴스의 내용이 무엇이냐고. 설명해 보라고 한다. 그러면 거의 대다수의 학생들이 당황한다. '아니, 뉴스를 보고 읽는 것이 아니고 암기해서 말하라는 거야?', '한 번 읽고 어떻게 내용을 기억해?' 하는 표정이 역력하다.

다시 읽어보라고 한다. 그리고 다시 내용이 무엇이냐고 물으면 대답을 잘한다. 그러면 다시 주어와 동사는 무엇이었는지 묻는다. 이번에도 대부분이 당황한다. '아니, 왜 이리 쓸데없는 질문만 하나' 하는 속내가 엿보인다. 나는 뉴스 원고를 펴놓고 찾아보라고 한다. 바로 찾는 경우는 드물다.

그제야 나는 묻는다. 무엇을 읽은 것이냐고. 뭐가 중요한지, 무엇을 전달해야 하는지도 생각하지 않은 채 뉴스를 읽어도 되는 거냐고. 그런 뉴스가 어찌 더 잘 들리고, 더 신뢰가 가겠느냐고. 다들 의기소침해진다. 이것은 하나의 과정이다. 혼을 내거나 당황하게 하기 위한 것이 아니라 뉴스를 전달하기 전에 생각해야 할 것들을 각인시켜 주기 위한 과정인 셈이다. 솔직히 말해서 내용도 확실히 모르고 대충 뉴스를 읽는 아나운서가 어찌 다른 프로그램인들 그 내용을 속속들이 알면서 진행하겠는가. 프로그램은 뉴스보다도 더 복잡하다. 프로그램 제작자와 작가의 의도, 그 프로그램을 보거나 듣는 시청자나 청취자의 생각, 그 양쪽을 넘나들며 진행해야 하기 때문이다.

그래서 나는 어떤 방송이든 '방송 준비 단계'와 '방송에 임하는 자세'가 무척 중요하다고 생각한다. 사실 모든 일이 그렇지 않은가. 인생이든, 인간관계든, 자신의 직업에서든 말이다. 정말로 자신이 좋아해 평생 몸담을 분야라면, '태도'와 '철저한 준비', 이 두 가지를 늘 견지해야 한다. 그러기 위해서는 무엇보다 '성실'과 '끈기'가 필요하다. 자칫 상투적이라고 생각할 수도 있다. 그러나 방송을 남다르게 하기 위해서는 내 자신부터 바꾸어야 하지 않을까. 나의 말, 생각, 관심을 갈고닦으려면 하루하루의 성실함과 그것을 견뎌내는 끈기가 밑바탕이 되어야 한다.

간혹 방송을 위해 내 자신을 바꾸기보다는 쉽게 연기를 하려는 사람들이 있다. 이에 대해 러시아의 유명한 연출가이자 배우인 스타니슬랍스키도 그의 연기론에서 이렇게 말하고 있다.

"배우는 자신이 연기하는 실체_{배역}의 진정성을 믿어야 한다."

풀어서 얘기하자면 배우가 판에 박힌 듯이 신파조로 연기하지 말고, 자신 속에서 그 배역과 동일한 것을 찾아내 진짜로 몰입하라는 말이다. 하물며 연기도 자신의 것에서 찾아 진실하게 표현해야 한다고 말하지 않는가.

사실 필자도 입사 초부터 이런 태도로 임했던 것은 아니다. 입사 3~4년까지는 내게 당연히 좋은 방송이 주어지리라, 감나무 밑에서 감 떨어지기를 기다리듯이 아무 노력도 없이 가만히 기다리기만 했다. 그러나 내 앞에 감이 떨어질 기미가 없었다. 이 일이 천직이 아닌가 싶은 회의까지 들었다. 내가 직면한 문제로부터 도피하고 싶어 잠시 대학원 공부를 했다. 그러나 공부를 할수록 내가 해야 할 일, 내가 있어야 할 곳이 방송이라는 생각이 들었다. 그리고 방송에서 패배자처럼 도망친 내 자신이 부끄러웠다. 이런 식으로 살아간다면 어디서도 잘되긴 어렵겠다는 판단이 들었다. 그래서 하던 공부를 그날로 멈췄다. 그리고 다시 방송으로 돌아왔다.

그때부터 나는 분명 방송을 대하는 자세가 달라졌다. 이제는 더 이상 갈 데가 없다는 것을 확인했기 때문이리라. 방송밖에 하고 싶은 게 없다는 명확한 사실과 대면했고, 이제 뒤돌아볼 상황이 아니었다. 내가 할 수 있는 노력을 모두 여기다 쏟아붓자는 생각이 들었다.

그러기 위해서 내가 어떻게 해야 할까? 지혜롭게 생각해 보기로 했다. 남과 다르게 방송을 해야 하지 않을까. 진정으로 시청자와 제작팀들을 위해 필요한 방송인이 되고 싶었다. 그래서 내가 할 수 있는 최선을 방송에 쏟아부었다. 어떤 방송을 맡게 되면, 그전에 진행하던 선배들의 방송을 챙겨 보고 무엇을 놓쳐서는 안 되는지를 배우고, 내 방송을 준비함에는 방송 대본을 미리미리 숙지했으며, 성실하게 누구보다 일찍 가서 여유로운 모습으로 사람들을 맞이하였다. 또 방송을 마치고 한 번도 빠짐없이 모니터를 하였다. 모니터에서 나오는 나의 단점들을 극복하고자 고군분투했으며, 방송에 보여지는 정용실이 조금씩이라도 성장할 수 있도록 늘 책과 함께 인생을 배우려 했다.

단지 생각을 바꾼 것뿐이었는데 내 자신이 바뀌었고, 방송도 확연히 달라졌다. 부족함이 많았던 방송이 서서히 나아지게 되었다.

이런 경험들 때문인가. 나는 방송하는 그 순간보다도 방송 준비 단계를 정말로 중요하게 생각한다. 그리고 이 단계에서의 이런 노력만이 남들과 다른 뉴스, 다른 방송을 만들게 되는 것이라고 믿는다. 그래서 지금 이 순간도 방송의 사전 준비 단계에 많은 시간을 들인다. 내용을 아는 것, 그 배경 지식을 아는 것. 이 순간들이 야말로 인간 정용실이 그 내용들을 자신의 것으로 만들어 성장하는 순간이다.

그래서 '정용실의 뉴스 리딩법'은 단순하게 뉴스를 읽는 것이 아니라, 세상을 배우려 하고, 생각해 보고, 고민하겠다는 진정한 마음가짐부터 가지라는 것이다. 여기서부터 내용에 대한 전달력이 생기고, 말에 힘이 실리며, 진실한 그 무엇인가가 사람들에게 전해진다는 것이다. 그 모든 것과 더불어 내 자신의 삶도 달라지는 경험을 하게 될 것이다.

Step 9

뉴스 리딩 업그레이드 :
꾸준히 모니터하라

뉴스를 읽을 때 소리를 내서 읽는 것을 마지막 단계, 즉 실전에 들어가서만 해본다면 자신이 방송하는 모습을 알기가 어렵다. 이런 상황이 반복된다면 생방송 상황에서 문제가 계속 반복될 가능성이 높다. 그렇다면 실제 뉴스 원고를 읽는 상황에서 벌어지는 문제들을 알 방법은 없는가? 아나운서 교육 과정에서 선배들이 권해준 '자신의 뉴스를 녹음해 여러 번 들어보고, 무엇을 고쳐야 하는지 적어보라'는 방법을 여러분과도 나누고 싶다.

이런 게 무슨 효과가 있을까 싶겠지만, 사실은 빠른 시간 안에 뉴스를 개선할 수 있는 방법이다. 방송을 잘하고 싶다면 무조건 자신이 한 방송을 빠짐없이 모니터해야 한다. 처음에는 자신의 방송을 듣고 보는 것 자체가 엄청나게 불편하겠지만, 자꾸 자신의 방송을 객관적인 시청자의 눈과 귀로 듣고 봐야 문제를 해결할 수 있다. 나한테는 익숙한 여러 가지 습관들이 시청자, 청취자들에게 거슬리는 부분이 될 수가 있다. 이런 객관적인 시청자, 청취자의 시각으로 자신의 방송을 꾸준히 보면 소위 '방송에 대한 감感' 이 생긴다. 시청자나 청취자가 좋아하는 것이 무엇이고, 싫어하는 것이 무엇인지 정확하게 알 수 있다는 말이다. 이 느낌, 이 감感을 가지고 앞으로의 방송을 꾸려나가는 것이다. 이것은 아주 중요한 자산이다. 힘들지만 자신의 방송을 놓치지 않고 모니터해야 하는 이유를 알겠는가.

최근에는 스마트폰의 발달로 뉴스 공부를 하기가 훨씬 수월해졌다. 스마트폰의 기능이 다양하기 때문이다. 예전에는 뉴스 공부를 위해 작은 녹음기를 하나씩 마련해 들고 다니면서 녹음하고 모니터했다. 간혹 깜빡 잊고 집에 두고 오는 날은 녹음도, 모니터도 못 했다. 그러나 이제는 스마트폰에 음성 녹음 기능이 있어 언제든 마음만 먹으면 녹음과 재생을 할 수 있지 않은가.

하루에 4~5개 정도 다른 분야의 뉴스를 읽고 녹음을 해보자. 그 녹음분을 꼼꼼히 들으며 모니터를 해보자. 꾸준히 듣다 보면 자신이 잘하는 분야의 뉴스와 못하는 분야의 뉴스도 찾아낼 수 있고, 하나의 개별 뉴스에서는 어떤 문제가 있는지, 어떤 단어의 발음이 자주 틀리는지 등등을 확인할 수가 있다. 작은 노트 한 권을 마련해 보자. 여기에 뉴스 모니터를 날짜별로 적어보는 것이다. 오답 노트를 만들듯 하다 보면 실전에서의 오류들을 줄여갈 수 있을 것이다. 성과를 얻을 수 있는 최소한의 기간이 한 달이다. 한 달 동안 꾸준히 해보자. 그 변화를, 발전을 직접 느끼게 될 것이다.

뉴스 모니터 노트 만들기

년	월	일	
년	월	일	
년	월	일	
년	월	일	
년	월	일	
년	월	일	
년	월	일	
년	월	일	
년	월	일	
년	월	일	
년	월	일	
년	월	일	

언어 공부는 매일 꾸준히

멘토링을 하면서 늘 학생들에게 강조하는 몇 가지가 있다. 그 하나가 바로 '모든 공부에서는 스스로 학습이 중요하다'는 것이다. 비싼 아카데미에 큰돈을 내고 나름 배우는 바가 있겠지만, 아무리 유명 학원을 다니더라도 배운 것을 복습하고 공부해야 자기 것이 된다는 게 분명한 사실이다. 또 하나, 남에게 배우는 것에 비해 시간은 조금 많이 들더라도 '스스로 자신의 방법을 터득'하는 것이 가지는 힘을 알아야 한다. 이것은 스스로 문제를 해결해 냈다는 엄청난 '자신감'을 스스로에게 안겨주는 일이다. 요즘은 부모들의 노파심으로 학생들이 가진 이런 '문제 해결 능력'이 사장되기 십상이다. 자녀를 키우면서, 학생들을 멘토링하면서 나는 이런 '자가 문제 해결 능력'을 북돋는 게 가장 중요하다고 믿어왔다.

이것은 나의 어린 시절의 경험으로부터 얻은 것이다. 과외 금지 시절에 학창 시절을 보낸 나에게는 방학만 되면 주체할 수 없을 정도로 많은 시간이 쏟아졌다. 중학생이 되고 나서는 방학을 좀 더 효율적으로 사용해야 했다. 초등학생 때까지는 취미인 독서만 하고 있어도 부모의 칭찬을 받았다. 내게는 일석이조인 셈이었다. 읽고 싶은 책 맘껏 읽고 나서 맘껏 놀아도 누구 하나 뭐라 하는 사람이 없었다.

그러나 중학생이 되고 나니 부모님은 이번 방학부터 다음 학기 공부를 조금이라도 하거나 지난 학기 복습을 하라는 것이었다. 나 역시 그럴 필요가 있겠다는 생각이 들었다. 그래도 지난 학기를 되풀이하기는 싫었다. 그래서 다음 학기 선행 학습으로 내게 제일 부족한 수학 과목을 조금 공부해 보자 싶었다. 하루 두세 시간을 수학 공부에 배정하겠다고 공언했다. 그러고는 방으로 들어가 참고서를 폈다. 기본적인 원리를 꼼꼼히 읽고 이해한 후에 문제를 풀기 시작했다. 기초 문제들은 쉽게 잘 풀렸다. 한마디로 그 원리를 외우기만 하면 그대로 적용해 푸는 단순한 문제들이었기 때문이다.

그러나 응용 문제로 넘어가자 앞이 턱 막혔다. 한 번 꼬아서 낸 문제들이기 때문이다. 처음에는 답을 보고 푸는 방법을 배울까 하는 생각을 했다. 그러다 시간도 많은데 굳이 그럴 필요가 있나 하는 생각이 들었다. 과학자나 수학자들의 전기를 읽은 게 떠올랐다. 그들은 이렇게 문제를 앞에 두고 깊이 고민하다 '아! 생각났어!' 하지 않던가.

나는 그날부터 하루 두세 시간씩 수학 문제를 마주하고 앉았다. 더운 여름에는 부채를 한 손에 들고 문제 하나와 그대로 대면했다. 며칠 동안 아무 성과가 없었다. 천재가 아니니 뭐가 떠오르겠는가. 당연한 결과가 아닌가 싶었다. 부모님은 자리에는 앉아 있는데 가만히 생각을 하는 건지, 자는 건지 알 수 없는 묘한 표정으로 앉아 있는 나를 보고도 잘 참아주었다. 나도 비몽사몽 자기도 하고, 생각도 하고, 부채질도 하면서 사나흘을 고집스럽게 보냈다. 그렇게 오랫동안 문제를 응시하자, 밥을 먹다 말고 갑자기 그 문제의 풀이가 떠오르는 게 아닌가. 급하게 방으로 뛰어가 종이에 그 풀이를 적고 문제를 풀어보니 답이 나왔다. '유레카!'라고 외치며 목욕탕을 뛰쳐나온 아르키메데스처럼 나도 방문을 박차고 나와 엄마에게 마구 설명을 쏟아냈다. 엄마는 기가 막힌 표정을 지었다.

그때부터 수학이 재미있었다. 내 손으로 직접 문제를 풀어낸 그 순간부터. 어느 때는 답은 같지만 푸는 방식이 정답지에 나와 있는 것과 달랐다. 그럴 때면 쾌감이 더 컸다. 그게 바로 수학의 재미라는 것을 알았다.

내 손으로 문제를 해결하는 법. 그 후로는 내 인생의 어려운 문제가 닥쳐도 나는 이 방식으로 문제를 푼다. 어딘가 나 혼자 조용히 생각할 수 있는 곳으로 들어가 그 문제와 나, 둘이 대면한다. 방송국에 들어와서도 이런 시간을 한두 번 가진 게 아니다. 더구나 인생이란, 삶이란 수학처럼 정답이 있는 것도 아니니 맞았는지 틀렸는지 다 살아내 보기 전에는 알 수 없는 것 아니겠는가. 그러니 더욱 내 안에서 나오는 소리에 집중하고 문제를 풀어야 한다. 나의 마음이 진실로 원하는 방향을 향해서. 욕심이나 허영에 사로잡히면 자칫 엉뚱한 길로도 갈 수 있으니 더욱 간절하고 진실한 마음으로 문제를 풀고자 해야 한다.

멘토링을 하면서 학생들에게 강조하는 또 하나가 '실천'이다. 아무리 목표를 제대로 잘 세웠다 할지라도 그를 향한 '한 걸음 한 걸음의 행동'이 없다면 무용지물이다. 목표가 정해지면 하루하루 우리가 해야 할 일은 그 방향을 향해 묵묵히 길을 가는 것뿐이다. 사실 이 과정이 참으로 지난하다. 여기에서 지치고 나가떨어지는 사람이 생기게 마련이다. 그리고 여기에서 재미를 잃고 이 방향으로 가는 것이 맞는지 의문을 제기하다 결국 다른 길로 가버리기도 한다. 그러나 '1만 시간, 10년의 법칙'을 들어본 적 있는가? 뭐든 오래 버티는 사람이 그 분야의 전문가가 된다고들 하지 않던가.

하루 서너 시간씩 10년을 꾸준히 한다면 그 분야의 대가가 될 수 있다는 말이다.

솔직히 아나운서의 기본을 닦는 데는 이만큼의 시간이 필요하지는 않다고 생각한다. 물론 아나운서로서 한 분야의 대가가 되겠다는 목표를 잡는다면 당연히 10년 정도의 시간은 들여야 하겠지만 말이다. 그래서 학생들에게 '1시간, 3개월의 법칙'을 이야기하고 있다. 아나운서의 기본기를 닦기 위해 써야 할 최소한의 시간이다. 하루 1시간씩 3개월간 목표한 것을 실천한다면 기본기는 다질 수 있다. 전문가가 되기 위해서도 꾸준히 실천하는 것이 중요하듯 아나운서 기본기를 닦는 데 있어서도 꾸준함이 중요하다.

방송은 언어로 만들어가는 분야다. 상대의 말을 잘 듣고, 이해하고, 그에 대해 시청자 입장에서 질문하여 시청자가 재미를 느끼도록 해야 한다. 그러면서도 '자연스럽게, 편안하게' 이끌어가야 한다. 막상 해보면 쉬운 일이 아니다. 자연스럽게, 편안하게 진행을 하다 보면 평소의 잘못된 언어 습관이 그냥 봇물 터지듯이 쏟아져 나오기 때문이다. 그러지 않으려면 평소 생활을 방송에 맞게 바꾸어야 한다. 그러나 언어 습관이란 쉽게 바뀌는 게 아니다. 고쳐야 하는 것이 무엇인지 의식한 채로 최소 3개월은 노력해야 한다. 모국어라 할지라도 언어 습관을 고치는 일은 학원에 한두 달

다닌다거나 누군가가 알려준 비법을 따라 한다고 뚝딱 되는 게 아니다. 그냥 지난한 하루하루의 노력이 쌓여 조금씩 변화가 일어나는 것이다. 그래서 필자가 '스스로 실천하는 것'에 대해 강조할 수밖에 없는 것이다. 이 과정 모두를 누군가가 해주면 얼마나 좋겠는가. 그러나 내가 힘들다고 다른 누군가가 내 인생을 대신 살아줄 수 없는 것처럼 자신의 문제도 자신의 손으로 해결하는 길 외에는 방법이 없다. 시간이 지나갈수록 하루하루 연습하면서 자신만의 방식을 터득하기도 하고, 무엇보다 스스로가 해나가는 기쁨을 찾게 될 것이다.

뉴스는 정보 전달, 내레이션은 감정 전달

뉴스 리딩만을 배웠지만, 아나운서 리딩에는 크게 두 가지가 있다. 하나는 '뉴스', 또 하나는 '내레이션'이다. 이 두 가지는 비슷하면서도 약간의 차이가 있다. 뉴스는 전달자가 객관적인 시선으로, 감정을 다소 절제하면서 진행하는 것이고, 내레이션은 내레이터가 순수하게 등장인물에, 방송 내용에 몰입하여 그 내용을 감정적으로 잘 표현해 내는 일종의 '연기' 장르다.

필자는 우연히도 다큐멘터리 프로그램으로 방송을 시작했다. 그래서 자연스럽게 다큐멘터리 내레이션을 하게 되었다. 그 후로 〈KBS 스페셜〉, 〈피플 세상 속으로〉, 〈풍경이 있는 여행〉 등 다양한 프로그램의 내레이션을 해왔다. 내레이션은 정말 매력적인 장르다. 아나운서들이 자신의 모습이 아닌 타인의 삶을 살아볼 수 있는 '연기' 장르이기 때문이다. 이것은 더 풀어 말하자면, 등장인물의 감정에 공감하고 그 안으로 들어가지 못한다면 감정을 표현하기 어렵다는 말이다. 그런 이유로 시사 장르보다는 휴먼 장르가 더욱 어렵다고 할 수 있다.

필자도 처음 휴먼 다큐멘터리를 하게 되었을 때 정말 힘들었던 기억이 생생하다. 그래서 당시 성우들의 내레이션을 계속 모니터했다. 특히 같은 주제의 다큐멘터리 프로그램을 찾아 미리 들어보면 내레이션 전체의 느낌을 가지기 쉬웠다.

한번은 엄홍길 대장의 14좌 완등에 대한 다큐멘터리 내레이션을 맡게 되었다. 제일 먼저 혼자 상상력을 동원해 봤다. 저렇게 높은 산을 오르는 이유는 뭘까? 산을 오르는 동안 엄홍길 대장의 감정 상태는 어떠했을까? 그러고 나서 이전 등반을 찍은 다큐멘터리 프로그램들을 모니터했다.

며칠간 몇 시간의 준비 시간이 있었던 탓일까. 스튜디오를 들어가니 쉽게 몰입이 되었다. 등반하는 엄 대장 일행을 따라 나도 산을 오르는 기분이 들었다. 크레바스를 만나기도 하고, 눈보라를 만나기도 하며 산을 오르고 있었다. 엄 대장 일행의 숨소리가 정상이 가까워질수록 커졌다. 나도 점점 숨이 가빠지는 느낌이 들었다. 그 상황에 완전히 빠져 있었던 모양이다. 일행이 모두 정상에 올라섰을 때 나도 모르게 몰아쉬던 숨을 '후!' 하고 내뱉었다. 집으로 돌아와 방송을 모니터해 보니, 영상과 내레이션이 묘하게 잘 어울리는 느낌이 들었다. 특히 나도 모르게 호흡을 이용한 것이 효과적이었다. 철저한 준비와 완벽한 몰입은 준비한 것을 뛰어넘는 영감을 내게 가져다준다.

내레이션 경력 4~5년 차에 〈풍경이 있는 여행〉이란 다큐 포엠을 맡게 되었다. 다큐 포엠, 영상과 음악이 매우 아름다운, 원고 또한 한 편의 에세이 같은 프로그램이다. 이런 장르는 처음이었다. 나는 주로 남성적인 아이템이나 약간의 슬픔이 묻어 있는 휴먼 아이템을 많이 해왔다. 다큐 포엠은 정말로 낯선 장르였다. 포엠이라면 시인데, 과연 어떻게 표현할 수 있을까. 며칠 동안 잠이 안 왔다. 고민에 고민을 거듭했다. 먼저 그전에 나간 방송의 영상과 음악을 찾아봤다.

귀와 눈이 정화되는 듯한 아름다운 영상과 그림이었다. 최대한 편안하게 원고를 전하고 싶었다. 일요일 아침 아직 어스름할 무렵 잠에서 깨어나서 텔레비전을 틀고 있는 누군가에게 속삭여주는 듯하게 전하고 싶었다. 고민 끝에 마이크를 앞으로 잡아당겼다. 그리고 사랑하는 사람을 떠올렸다. 그에게 따스한 목소리로 뭔가를 말하는 감정으로 원고를 속삭이듯 읽어 내려갔다. 긴 시간 방송을 하지는 않았지만 지금도 잊을 수 없는 한없이 행복했던 순간이다.

이렇듯 내레이션은 '내용'보다는 '감정'을 전달하는 데, 뉴스는 '감정'보다는 '내용' 전달에 무게를 둔다. 감성적인 편인 필자는 그래서 내레이션 장르가 더 끌린다. 내용을 넘어서 다큐멘터리 속의 상황과 인물에 대한 분석, 그리고 그 안을 흐르고 있는 감정선을 찾아내려 하기 때문이다. 다분히 문학적인 장르다.

내레이션 표현하기

　몇 년 전부터 아나운서 실기 테스트에 내레이션이 한 장르로 들어가 있다. 단지 뉴스로 간파하기 어려운 다른 재능을 확인하기 위해서다. 내레이션은 앞서 말했듯이 단순히 글을 낭독하는 것을 넘어서기 때문이다.

　아나운서들은 이런 행위를 '글을 말로 세운다'라고 표현하는데, 바로 단순한 낭독을 넘어서 말하듯이 감정을 표현해야 한다는 뜻이다. 머리로는 이해했을지 모르지만 이것을 표현해 내는 것은 또다른 차원의 문제다. 이제부터 어떻게 감정을 표현해 내는지 느끼고 따라 해보자.

뉴스에 가장 가까운
시사 다큐멘터리

시사 다큐멘터리는 감정을 뉴스보다는 더 넣고, 다른 휴먼 다큐멘터리에 비해서는 조금 절제하는 게 적합하다. 뉴스와 내레이션의 가장 큰 차이는 첫째, 내레이션이 문장이 확연히 많다는 것이다. 그것은 문장을 시작하는 첫 음 _{문장의 첫소리}이 그만큼 더 다양해야만 한다는 말이다. 아래 내레이션 원고를 보자.

아베의 질주

프롤로그

0011# 아베 차에서 내려 걸어오는		9″	아베 총리가 돌아왔다. 2006년 당선된 이후 두 번째 집권이다.
0021# 국회 모습			돌아온 아베 총리의 첫 번째 외침은 경제 회복이었다.
– 박수 치는		3″	(＊듣고)
0024	SOV〉		아베 신조/ 일본 우리나라 최대 과제는 경제 재생 강한 경제로 회복하는 것 아니겠습니까?

– 박수 치는   4″   (＊듣고)

0039# 자리에 앉는 아베 총리   10″   장기 불황을 겪고 있던
일본 국민들은 기대감을 가지고
아베 총리의 정책에 주목했다.

0049   SOV〉   아베 신조/ 일본 총리
위기 돌파 내각을 조직했습니다.

0053# 일본 은행, 구로다 모습   7″   그 정책의 핵심은
일본 은행의 무제한 양적 완화.

0101   SOV〉   구로다 히로유키/ 일본 은행 총재
양적으로 보나, 질적으로 보나 지금까지와는
차원이 다른 금융 완화 정책을 실시하겠습니다.

0108# 엔화 찍어내는   9″   경기가 활성화되고
물가가 2% 상승할 때까지
돈을 무한정 풀겠다는 것이다.

0117# 후지산부터 도시 전경까지   6″   아베 정권 출범 6개월,
장기 침체를 겪던 일본의 분위기가
변하고 있다.

0123# 증시   8″   일본 니케이 지수는 2007년 12월
이후 처음으로 15,000을 넘었다.

            SOV〉   도요타 사장
지금 아베노믹스의 영향이 얼마나 강한지
실감하고 있습니다.

0138# 2% 브라, 아베 모습   8″   2% 물가 상승 목표는
경제 부흥의 기대감으로 이어졌고,

0146# 걸그룹 댄스   8″   물가가 오를 때마다 치마 길이를
줄이겠다는 걸그룹까지 생겨났다.

0154# 비행기 올라타고,   13″   70%가 넘는 지지율 속에
취재진까지   아베의 행보는 거침이 없다.

		과거 우경화된 역사 인식을 드러낸 망언으로 주변국의 분노를 샀던 아베.
0207# 아베 계단 내려오는	19″	군대를 보유하는 보통 국가를 만들겠다는 그의 정치적 행보는 지금 그가 펼치는 아베노믹스의 성패에 달려 있다.
		과연 아베노믹스는 성공할 것인가. 아베 총리, 그의 위험한 질주가 시작됐다.

'아베 총리가 돌아왔다. 2006년이천육 년 당선된 이후 두 번째 집권이다. 돌아온 아베 총리의 첫 번째 외침은 경제 회복이었다.'에서는 '아', '이', '돌' 등의 시작하는 톤이 똑같이 반복되어서는 안 된다. 똑같이 반복된다는 말은 음악으로 설명하면, 계속 '도, 도, 도, 도, 도…' 이렇게 같은 음이 반복되는 것이다. 얼마나 지루하고 듣기 힘들까. '도시도도레미레파솔파레도…'처럼 다르게 변주를 줘야 한다는 말이다.

그렇다면 이것을 어떻게 다르게 표현해야 하나? 혹시 그 많은 원고의 내용을 다 파악해서 관계를 생각하고 읽어야 한다는 말인가? 실제 50분짜리 내레이션 원고는 A4 용지로 24~30쪽 분량이다. 눈으로 한 번 훑어보는 데만도 실제 읽는 시간의 절반가량이 든다. 그런데 언제 문장 간의 구조와 관계를 분석할 수 있으랴. 그런데 정말 다행스럽게도 내레이션의 경우는 영상을 보고, 음악을 들으며 녹음 작업을 할 수가 있다. 영상을 통해 프로듀서의 의도를 이해하고, 음악을 통해 표현하고자 하는 감정을 느끼면서 읽어 간다면 프로그램에 적합한 내레이션이 될 것이다.

단, 시험장에는 이런 영상과 음악이 준비되어 있지 않다. 글만을 읽고 표현해야 한다. 상상력을 발휘해 글 속에서 감정을 끌어내야 할 것이다.

아무튼 내레이션에 대해 기본적인 것부터 배워보자. 과연 어떻게 감정이 표현되는지 말이다. 실전으로 들어가자.

먼저, '뉴스보다는 좀 더 말하듯이'. 설명을 덧붙이자면, 뉴스는 발음의 정확성을 위해 입 모양을 제대로 만들고 박자도 또박또박 지키며 읽는 편이라면, 내레이션은 그것보다는 좀 더 입 모양을 편하게 한다. 한마디로 좀 더 말하듯이. 우리는 말을 할 때 생각보다 많은 감정을 담고 있다는 사실을 잊지 말자.

둘째, 대부분 문을 여는 문단첫 문단, '아베 총리가 돌아왔다. 2006년 당선된 이후 두 번째 집권이다.'와 그 단락프롤로그의 마지막 문장, '과연 아베노믹스는 성공할 것인가. 아베 총리, 그의 위험한 질주가 시작됐다.'는 다소 천천히 읽어야 한다.

이야기가 시작될 때 사람들은 귀를 기울인다. 무슨 이야기가 시작되나. 이야기의 내용이 무엇인지 아무도 알 수 없다. 처음 듣게 되는 내용을 천천히 일러주듯이 시작해야 한다. 그리고 그 단락, 즉 프롤로그의 마지막 문장은 이제 프롤로그가 끝났음을, 다음부터 본문이 시작됨을 알려주는 의미가 있다. 한 단락과 다음 단락을 분리하는 분절적인 표현이다.

이제 앞의 설명을 이해하기 위해 내레이션 문장을 한 단락씩 읽어보자.

첫 단락은 천천히 읽는다.

두 번째 단락 돌아온~경제 회복이었다.에서 가장 중요한 단어는 '경제 회복'이다. 여기에 밑줄을 그어놓고 이렇게 읽어보자.

돌아온 아베 총리의 첫 번째 외침은√ 경제 회복이었다.

세 번째 단락 장기 불황~주목했다.은 담담하게 읽자.

네 번째 단락에서 핵심 어휘는 '무제한 양적 완화'. 이렇게 읽게 될 것이다.

그 정책의 핵심은√ 일본 은행의 무제한 양적 완화.

다섯 번째 단락_{경기가~풀겠다는 것이다.}은 설명을 하듯이 담담하게 읽는다.

여섯 번째 단락_{아베 정권~분위기가 변하고 있다.}은 상황의 전환을 말하는 내용이다. 그에 따라 문장의 분위기도 전환해야 한다. 여기서부터 다른 이야기를 한다는 느낌을 주어야 한다.

일곱 번째 단락_{일본 니케이 지수는~15,000을 넘었다.}은 구체적인 수치를 전하는 단락이다. 수치는 너무 빨리 읽고 지나가면 안 된다. 니케이 지수가 15,000을 넘었다는 내용이 중요.

여덟, 아홉 번째 단락_{2%~걸그룹까지 생겨났다.}은 희망적인 상황을 설명하는 단락이다.

열 번째 단락_{70%~거침이 없다.}은 희망적 상황의 절정, 힘을 받은 아베의 행보를 나타낸다.

열한 번째 단락_{과거 우경화된~아베.}은 상승세를 타고 있는 아베의 실상에 대한 반전의 느낌이다. 다소 강조하는 느낌, 정확하게 봐야 할 것이라는 느낌으로 읽는다.

열두 번째 단락_{군대를 보유하는~성패에 달려 있다.}부터 엔딩 단락이다. 서서히 속도를 늦추면서 읽는다.

열세 번째 단락_{과연~시작됐다.}은 마지막 단락. 대미를 장식하는 단락이라 전체 문장 중에서 가장 천천히 곱씹어 읽어줘야 할 문장이다. 이런 느낌으로 읽어보자.

과연✓ 아베노믹스는✓ 성공할 것인가.✓✓ 아베 총리,✓✓ 그의 위험한 질주
가✓ 시작✓됐다.

셋째, 앞서 읽은 방식이 내용적으로 '논리의 흐름'에 따른 읽기
라면, 이번에는 내용상 '감정의 흐름'에 신경 써야 한다. 뉴스와
달리 내레이션은 이 부분이 중요하다. 대부분의 교양, 시사 프로
그램에서는 드러나지 않지만 이 두 가지 흐름이 동시에 흐르고 있
다. '논리의 흐름'과 '감정의 흐름'이 말이다. 이 두 가지가 조화를
이루었을 때 시청자들은 방송을 즐기게 된다. 만약 이 두 가지를
다 담을 수 없다면 필자는 '감정의 흐름'을 선택할 것이다. 사람들
에게는 감정이 논리보다 더 중요하기 때문이다. 그러면 감정의 흐
름이라는 측면에서 다시 한 번 문장을 읽어보자.

먼저 첫 단락, 새로운 사실을 전달하는 호기심으로 읽어가야 한
다. 그리고 주어인 '아베 총리'가 이 글 전체를 끌어가는 주체임을
각인시켜야 한다. 첫 문장인 '아베 총리가 돌아왔다.'에서 '돌아왔
다'는 표현은 어떤 뉘앙스를 풍긴다. 좋지 않은 뉘앙스. 그 느낌만
풍겨주면 된다.

두 번째 단락, 아베 총리가 하고자 하는 가장 중요한 일이 '경제
회복'이라는 사실을 전달하려는 것이다. 그러나 그냥 아베 총리가

아니다. '돌아온 아베 총리'라는 표현이 눈에 들어온다. 앞에서 숨겨놓은 뉘앙스가 여전히 묻어 있다. 그런 아베 총리가 처음으로 하려는 일이 무엇인가. 또박또박 짚어주자.

세 번째 단락, 아베가 하고자 하는 일의 의미를 설명하고 있다. 장기 불황을 겪는 국민들에게 경제 회복은 가장 바라는, 단비 같은 메시지일 것이다. 희망과 기대, 그 느낌을 조금만 살려보자. '장기 불황을 겪고 있던'에서는 힘들고 버거운 느낌을, '일본 국민들은'은 담백하게, '기대감을 가지고'에서는 약간 들뜬 감정으로, '아베 총리의 정책에 주목했다.'에서는 약간의 호기심을 가지고 표현해 보라는 뜻이다.

네 번째 단락, 앞서 나온 두 번째 단락에 대한 구체적인 내용을 설명하고 있다. 경제 회복을 위해 '무제한 양적 완화'를 시도하겠다는 말이다.

다섯 번째 단락에서는 앞 단락의 '무제한 양적 완화'가 어떤 목표가 이루어질 때까지 행해지는지 설명한다.

여섯 번째 단락, 아베 전략에 대한 평가다. '출범 6개월', '일본의 분위기가 변하고 있다'는 내용이 중요하다. 어떻게 변하고 있다는 것일까. 다소 긍정적인 뉘앙스가 풍긴다. 이어서 뭔가가 시작되는 변화의 조짐이 보이는 살짝 긴장된 느낌이 살면 좋겠다.

일곱 번째 단락, 변한 내용이 보인다. 여기서는 '니케이 지수가

15,000을 넘었다'가 중요하다. 다소 믿기지 않는다는 느낌으로 읽도록 한다.

여덟 번째 단락부터 아홉 번째 단락은 다소 희망적이고 들뜬 분위기가 시작된다. 약간 경쾌한 느낌으로 읽는다. '경제 부흥의 기대감'이 느껴지게, 그래서 걸그룹의 치마 길이도 즐거이 짧아지는 느낌이어야 한다.

열 번째 단락, 이제 희망과 기대가 자신감으로 좀 더 확고해지는 느낌이다. 그래서 '아베의 행보는 거침이 없다.'를 자신 있게, 힘차게 전달해야 한다.

열한 번째 단락, 6~10번째 단락까지 점점 계단을 오르듯이 감정이 서서히 커지던 것에서 갑자기 변화되고 있다. 아베의 실체를 직면하게 되는 느낌이다. 6~10번째 단락을 오면서 감정이 서서히 올라가고, 속도도 서서히 빨라지다가, 열한 번째 단락에서 감정이 다시 내려가고, 속도도 다시 천천히 바뀐다. 감정과 속도의 전환, 이것이 이번 단락에서 가장 중요하다.

열두 번째 단락, 이제 결론을 향해 간다. '군대를 보유하는 보통국가'와 '아베노믹스'. 아베가 경제를 통해 그의 정치적 야심을 실현해 나가려 하는 것이다. 여기서부터 아베의 행보에 대한 한발 떨어진, 냉정한 시선을 유지하는 느낌으로 읽어야 한다. 다소 건조한 감정으로 읽어주는 게 좋다.

열세 번째 단락. 여기서는 시청자의 시선으로 이 문제를 들여다 본다. '과연 아베노믹스는 성공할 것인가?' 이 다음에는 다음과 같은 질문이 숨어 있다. '당신은 어떻게 생각하십니까?'라는 질문이다. 그래서 긴 한 호흡이 여기에 들어간다. 다음으로는 제작자의 의도가 숨어 있는 문장으로, 이야기 전개의 방향에 대한 힌트가 주어진다. '아베 총리, 그의 위험한 질주가 시작됐다.' 이 문장은 앞 문장에 비해 다소 조용한 톤으로 새로운 이야기가 전개될 것임을 기대하게 하자.

전체적인 감정의 흐름이 한눈에 들어오는가? 이것을 잘 표현할 수 있다면 내레이션은 완성이다.

여기서 하나 잊지 말아야 할 것이 있다. 한 편의 내레이션을 해석하는 것은 바로 문학 작품을 해석하는 것과 같아서 해석하는 사람에 따라 달라질 수 있다. 다른 시각으로 다르게, 자신만의 관점으로 일관성 있게 표현하기만 하면 된다. 자신만의 해석으로 다르게 표현하는 일에도 도전해 보자.

감정 이입의 훈련장,
휴먼 다큐멘터리 내레이션

이번에는 아프고 불편한 아이들이 있는 어린이 병원에 대한 내용이다. 3일간 이들의 모습을 있는 그대로 담아 보여주는 다큐멘터리 프로그램. 이 원고는 시선이 어른들의 관점이다. 내레이터가 여자라면 '엄마의 시선', 남자라면 '아빠의 시선'으로 하면 좋을 것이다.

필자는 아이를 키워본 여성이기에 병원에 있는 아이들에 대한 감정이 남다르다. 아이가 다쳐 병원에 입원했을 때 밤잠을 설치며 기도했던 순간, 그 와중에 부모를 배려하는 말로 더욱 부모의 가슴을 아프게 하는 성숙한 아이의 모습들…. 아이를 키우면서 아파서, 다쳐서 눈물 흘려보지 않은 부모는 세상에 없다. 그만큼 가슴에 묻어놓았던 작은 생채기들이 누구나 있기 마련이다.

방송은 이런 인간적인, 보편적인 경험을 요구하는 경우가 많다. 사실 나이가 들어간다는 것은 삶에서 때로는 힘들고 어려운 경험들을 피해 갈 수 없는 것이라 할 수 있다. 그 덕에 방송인은 감성이 더욱 풍부해지고, 상대에 대한 이해의 폭이 넓어지는 것 같다.

어린이 병원

프롤로그

## 병동 문 열리는	6″	(흘리며)
## 보행기 미는 아이	5″	이곳의 아이들은, 몸이 아프거나 많이 불편합니다.
## 고개 가우뚱하는 아기	5″	(흘리듯)
## 손뼉 치는	6″	그렇다고 이 아이들이, 꿈을 꿀 수 없는 건 아닙니다.

  – 장애를 갖고 있지만 우리가 봤을 때는 똑똑한 아이라서,
   한 20년 뒤에 서울시 공무원으로 들어왔으면 좋겠어요.
   될까? 공부 잘할 수 있지?

## 힘겹게 걷는 발 5″ / 걷는 재활 연습 4″		(보다가) 때로는, 오래오래 기다려야 일어서는 아이들도 있습니다.
## 남자애 일어나는	6″	세상에는 늦게 피어나는 꽃이, 더 많은 것처럼 말입니다.

  – 닉 부이치치나 그 뭐지 일본에서
   어떤 사람이 하는 '오체 불만족' 등이 있잖아요.
   그 사람들은 저보다 훨씬 심한데도 잘 견뎌왔잖아요.

## 남자애, 휠체어 타고 V 포즈 하는	4″	(보다가) 아픈 만큼
## 악기 연주하는 치료사들	4″	성숙해지는 건, 아이들도 마찬가지인 걸까요.

194

## 노래에 맞춰 손뼉 치는 환아	7″	(보다가) 몸은 불편해도, 아이들이 꿈꾸는 세상은 크고 놀랍습니다.
## 손 TU 아이 7″ / 풍선 옆 누워 있는 4″		(보다가) 우리가 낳았기에 우리가 보살피고 지켜주어야 할, 우리의 아이들…
## 아기 발바닥	3″	(흘리며)
## 아기 손	3″	오늘은 세상의 아이들과 함께 아파하고 일어서는,
## 누워 있는 아이들	9″	'서울시 어린이 병원'의 72시간을 담았습니다.

자, 그럼 휴먼 다큐멘터리를 읽어보자. 휴먼 다큐멘터리는 감정의 흐름으로 읽어보자.

첫 번째 단락, 휴먼 다큐멘터리의 주인공을 소개하는 것이다. 아이들의 모습을 상상하면서 읽어보자. 아프고 불편한 아이들의 모습을 떠올리니, 목소리가 다소 차분하고 '아프거나'와 '불편합니다'와 같은 단어에 감정이 담긴다.

두 번째 단락, 앞의 장면과 전혀 느낌이 다른 장면이 펼쳐질 것이다. 첫 번째 장면이 아프고 불편해서 힘들어하는 아이들의 모습을 담았다면, 두 번째 장면은 그래도 아이들 특유의 명랑함이 느껴지는 장면이 올 것이다. 그 말은 앞의 문장의 감정과 이번 문장의 감정은 달라져야 한다는 뜻이다. 이 세상의 아이들 모두에게는 꿈을 꿀 권리가 있다. 아무리 아프고 불편하다 해도 꿈조차 꿀 수 없는 건 아니라는 약간의 단호함이 느껴진다. 그래서 '꿈을 꿀 수 없는 건 아닙니다.'라는 문장은 조금 톤이 올라가 호소하듯 이야기해야 한다.

세 번째 단락, 아이들의 현실을 좀 더 세밀히 들여다보는 것이다. 아이가 발을 못 내밀어 천천히 옮기듯 내레이션도 천천히 읽어 내려갈 필요가 있다. 조심스레, 어렵게 한 발을 떼듯 차분한 음성으로 읽어보자.

네 번째 단락, 앞 문장을 은유적으로 표현한 것이다. 대구가 되는 문장이므로 비슷한 느낌으로 읽어야 한다.

다섯 번째 단락, 장애를 견뎌내는 아이들의 모습을 보면서 대견해하는 마음으로.

여섯 번째 단락, 아무리 힘든 상황에서도 아이들에 대한 희망을 놓지 않겠다는 마음으로. '몸은 불편해도'까지는 현실을 생각하는 다소 차분한 느낌으로, '아이들이 꿈꾸는 세상은 크고 놀랍습니다.'부터는 분위기를 전환하여 밝고 희망찬 느낌으로 읽는다.

일곱 번째 단락, 어떤 상황에서도 밝고 큰 꿈을 꾸는 아이들을 보며 다시 마음을 추스르는 어른 _{이야기가 어른의 관점이다}의 느낌. 앞 문장부터 시작된 희망의 느낌을 이어서 아이들의 꿈을 잘 지켜주겠다는 책임감을 가지고 단호하고 희망차게 읽어야 한다.

여덟 번째 단락, 오늘의 이야기가 어떻게 펼쳐질 것인지 기대해 달라는 소개 멘트. 다소 담백하게 어떤 이야기가 펼쳐질지 호기심 어린 느낌으로 전달하면 된다.

내레이션의 가장 어려운 훈련은 시 낭송

뉴스와 내레이션의 차이를 조금은 이해하겠는가? 평소 문어 _{글말} 체로 된 글들을 소리 내어 낭독해 보는 습관이 내레이션을 잘하는 데 큰 도움이 된다.

필자는 어린 시절부터 국어책에서 좋아하는 부분을 음악을 틀어놓고 멋들어지게 읽는 걸 좋아했다. 특히 시를 낭송하고 녹음하기를 좋아했는데, 그것은 순전히 잘생긴 중학교 국어 선생님 덕분이었다. 시인이던 선생님은 비가 오거나 눈이 내리는 날에는 으레 시 낭송 테이프를 우리 모두에게 들려주었다. 감수성이 예민하던 10대, 멋진 선생님이 들려준 성우들의 시 낭송은 내 가슴을 파고

들었다.

이런 경험 탓인지 신입사원 교육을 받던 시절, 뉴스 리딩 때문에 그렇게 많은 지적과 야단을 맞은 것과는 대조적으로 내레이션 교육을 받는 동안은 칭찬 일색이었다. 그것은 아마도 자연스레 낭독 훈련이 되어 있었던 덕분인 듯하다. 글을 읽으며 감정이 잘 잡혔고 그것을 표현하는 데 부끄러워하지 않았다. 그 덕분인지 수년을 방송 내레이션을 담당해 왔고, 지금도 내레이션은 좋아하는 장르다.

누구든 내레이션을 훈련하고 싶다면 글을 소리 내어 읽어보는 훈련이 가장 좋다. 우선 이야기에 몰입하기 쉬운 소설의 한 대목이나 에세이의 한 대목을 집안 식구들에게 들려줘보자. 그리고 얼마나 잘 들리는지 느낌을 말해 달라고 하자. 들려줄 식구가 없다면 녹음을 해서 스스로 들어보자. 어떻게 들리는가. 자신이 있다면 마지막으로 시 낭송에 도전해 보자. 끊어 읽기와 감정, 호흡 등을 잘하기가 생각보다 어렵다. 필자도 선배들과 함께 시 낭송을 해본 경험이 있었는데 얼마나 어려운지를 새롭게 깨달았다. 〈당신의 밤과 음악〉을 진행하는 이미선 아나운서의 시 낭송은 꼭 한 번 들어볼 만하다.

Step 13

화면의 첫 조건 :
인상

　지금까지 긴 세월 아나운서라는 일을 해나가는 데 필요한 '자질과 기본'을 언급하다 보니 자연스레 방송을 준비하는 사람들의 음성적, 오디오적인 측면을 위주로 이야기했다. 그렇다. 필자가 방송을 20년간 현장에서 할 수 있었던 것도 바로 오디오적인 부분이 지대한 공헌을 했음이 분명하다. 특히 나이가 들어갈수록 맡을 가능성이 높은 '교양', '시사' 프로그램에서 진행자의 목소리는 정말 중요하다.

　오락은 음악, 효과, 자막 등 여러 가지 장치를 가지고 시청자들의 감정을 쥐락펴락 주무른다. 그러나 교양 프로그램은 잔잔한 감동과 재미를 진행자가 주는 완급에 따라간다. 프로그램 전체 구성에 대한 이해 못지않게 감정을 끌어올렸다 내렸다 하는 것은 진행자의 오디오다. 높낮이, 완급, 성량의 크기로 프로그램의 감정선을 풍성하게 만들 수 있다. 시사 프로그램에서는 더욱 필요해진다. 시사 내용에 대한 완벽한 이해와 더불어 정확하고 빠른 전달이 필요한 프로그램이 있고, 명료하고 또박또박 전달해야 하는 프로그램도 있다.

이렇듯 연륜이 쌓일수록 오디오적 측면의 중요성을 누구나 느끼게 되나, 이러한 측면을 하루아침에 익히거나 고칠 수는 없다. 특히 초기에 잡지 않고 그냥 시간을 흘려보내다 보면 나쁜 버릇이 그냥 굳어지는 경우가 있게 마련이다. 그래서 아나운서를 준비하는 단계부터 차근히 탑을 쌓듯 하나씩 천천히 준비하면 훌륭한 진행자가 될 수 있는 것이다. 탑을 쌓는 방식이 다르다고 해서 누가 틀리고 누가 맞는 게 아니다. 자신에게 맞는 방식을 찾으면 되고, 그것이 자신이 편한 것을 기준으로 하지 않고 시청자가 보기 편한 방향이라면 문제가 없다.

그렇다고 다채널 다매체 시대인 현대에 비주얼을 무시할 수 있을까? 그렇지 않다. 현실적으로 중요한 부분이다. 현대를 살아가면서 어느 분야에서든 외모가 중요해지는 것은 분명한 사실이다. 그렇다면 어떤 외모가 텔레비전 방송에 적합할까?

아나운서를 준비하는 학생들을 만나면 그들은 제일 먼저 "제

외모가 아나운서에 적합한가요?"라고 묻는다. 눈을 깜빡거리면서 그렇다는 대답을 기다리는 품새다. 뭐라고 답을 해야 할지 모르겠다. 미스코리아 심사위원도 아니고 미美에 대해 주관적인 기준을 가진 필자로서는 대답에 신중해진다. 솔직히 20년간 방송 현장에 있으면서 시청자에게 사랑받는 아나운서들을 볼 때, 모두 다 뛰어난 외모를 가졌다고 단언할 수가 없다. 때로는 외모보다는 성격이, 말투가, 진행자와 프로그램의 궁합이 그 사람을 더 돋보이게 하거나 사랑받게 하는 것임에 틀림없기 때문이다.

그렇다면 외모가 중요하지 않다는 말인가? 그건 또 아니다. 이게 무슨 상반된 논리란 말인가. 그렇다! 이렇게 말해야 정확할 것 같다. '외모'라기보다는 '인상'이 더 중요하다고 말이다. 해마다 들어오는 신입사원들의 외모에서 공통점을 찾아보자면 사실 하나의 일관된 미美의 기준을 가진 것은 아니다. 그것은 공정성을 위해 해마다 다른 심사위원들이 들어가기 때문이다. 그렇다면 이들 신입사원들의 공통점이 전혀 없다는 말인가? 그건 아니다. 비록 편차는 있지만 대부분 인상이 좋은 편이다. '호감好感'이 가게 생겼다. 그래서 뭔가 끌리는 게 있다. 상대에게 좋게 느껴지는 부분이 있다. 아나운서란 늘 새로운 사람들을 만나 마음의 빗장을 열고 이야기하게 하고 시청자들의 마음을 얻어야 하는 직종이니만큼 사람들에게 좋은 인상을 줄 수 있다면 정말 유리한 것이다.

10여 년 전 한 여성 진행자가 맡은 프로그램은 시청률도 저조했고, 주부들의 항의도 있었다. 그 진행자를 교체해 달라는 항의 전화가 계속 이어졌다. 무슨 이유인가 싶어 물으면 특별한 이유는 없이 그냥 보기 싫으니 바꿔달라는 것이었다. 어쩜 이런 사람들이 다 있을까 싶었지만, 그들은 물러서지 않았다.

사실 그 진행자는 평소에도 차가운 편이었다. 말 걸기가 어렵고, 말투가 뭔가 상대를 편안하게 만들지 않았다. 그래서였을까? 6개월여 시달리던 제작진은 결국 진행자를 교체했다. 그러자 거짓말처럼 시청률도 올라갔고, 항의 전화도 사라졌다. 처음에는 정말 이해할 수가 없었다. 그러나 그것이 분명한 현실이다.

대학원 '인간 커뮤니케이션' 수업에서 배운 내용이 떠오른다. 한 사람의 이미지가 어떻게 형성되는지에 대한 내용이었는데, 이미지 형성 과정에서 다른 이미지에 비해 더 큰 영향을 발휘하는 이미지를 가리켜 '중심 특성 효과'를 가졌다고 한다. 그 대표적인 예로 '따뜻한warm 이미지'를 꼽았다. 이 말은 어떤 사람이 지적知的이라든지, 예의 바르다든지 하는 여러 특성 중에서 '따뜻한 사람인지, 차가운 사람인지' 여부가 그 사람의 이미지를 형성하는데, 그것이 사람들에게 각인되는 가장 중요한 변수라는 것이다. 그때 무릎을 쳤던 기억이 난다. 방송인의 이미지 가운데서 '따뜻한 사람'이라는 이미지는 정말 중요하다. 따뜻한 사람이라고 생각이 들면 더 친근하게, 그래서 더 자주 보고 싶고, 가까이하고 싶어지는 모양이다. 이것이 바로 좋은 인상, 호감형 인상을 말하는 것이다.

누구든 자신이 방송에 적합한 외모인지를 검증해 보고 싶다면, 일단 자신의 주변 사람들에게 물어보라. '인상이 좋은지', 그리고 '따뜻한 사람으로 느껴지는지'를. 이것이 자신의 첫인상일지 모른다. 그렇다고 이미지가 고정된다고 단정하지는 말자. 나이를 먹어가면서 얼굴이 얼마나 솔직하게 자신의 생각과 태도를 반영하게 되는지 직접 느끼게 될 것이다. 그리고 그에 따라 어떻게 변하는지도 체험할 것이다.

비주얼의
조건

첫 번째 조건 : 환한 미소와 밝은 표정

신문방송학에서 배운 이론 중에서 마셜 매클루언의 '핫 미디어', '쿨 미디어'는 방송사에 들어와서 더 생각해 보게 되는 개념이다. 흔히 영화를 '핫 미디어', 텔레비전 방송을 '쿨 미디어'라고 분류한다. 핫 미디어는 정보량이 많고, 사람이 감각기관으로 메시지를 받아들이는 데 참여할 필요가 적은 매체를 말한다. 영화가 그렇지 않은가. 가만히 있어도, 큰 노력을 기울이지 않아도 그 많은 정보가 내 안으로 흘러들어온다. 이에 반해 쿨 미디어는 정보량도 적고 그것을 받아들이기 위해서는 자신의 노력이 필요한 매체다. 집중해서 보려는 노력 없이 텔레비전 방송의 내용을 다 알 수 없는 게 사실이다. 아침 출근 준비를 하면서 날씨나 교통, 오늘의 뉴스를 체크해 보려고 텔레비전을 켜서 필요한 것만을 챙기거나, 늦은 밤 피곤으로 쉽게 잠들지 못할 때 채널을 돌리며 힘든 하루를 위로받고자 한다.

핫 미디어, 영화는 정보량이 많다 보니 그 인물의 깊은 내면도 담아낼 수 있어 인물의 다양한 면을 드러내기가 쉽다. 이에 비해 쿨 미디어인 텔레비전 방송의 드라마는 좀 더 단순한 구성과 평면적 인물을 표현한다. 그래서 흔히 원작을 만화에서 차용하는 경우가 많은 편이다. 쿨 미디어 중에서도 교양 프로그램 등의 진행자는 자신의 여러 층위를 드러내기가 하늘의 별 따기다. 대부분의 인물이 한 가지 이미지에 국한되기 쉽다.

쿨 미디어인 방송은 많은 사람들의 일상의 한 부분이자 외로운 현대인의 친구 같은 존재가 되었다. 매일, 습관적으로 텔레비전을 켜고 방송을 마주한다. 주의 깊게 지켜보지는 않을지라도 자주 보다 보니 가식적인 것이나 위선적인 것은 금방 느낀다. 휴식을 위해, 위로를 받기 위해 텔레비전을 보는 것이기에 즐거움이나 기쁨을 찾는다. 그래서 텔레비전 방송을 엔터테인먼트적 매체라고 규정한 학자들도 있다.

평생을 방송에 종사해 온 성우 고은정 씨의 말은 우리 방송인들에게 시사하는 바가 크다.

"방송에서 즐거움과 기쁨은 시청자들과 나누고, 슬픔이나 고통은 혼자 처리한다."

우리 방송인들도 이렇게 다양한 층위의 감정을 가진다는 사실을, 다면적인 성격을 가지고 있다는 것을 증명하거나 보여줄 방법은 별로 없는 것이다.

시청자들은 방송과 함께하는 하루하루의 시작과 마무리가 행복하길 바란다. 성우 고은정 씨의 말처럼 우리 방송인들은 기쁨과 즐거움을 나눠야 한다. 비주얼의 제1조건으로 '환한 미소'와 '밝은 표정'을 꼽은 이유도 바로 여기에 있다.

두 번째 조건 : 좌우 균형

방송 화면에서 상당히 중요한 요소 중 하나가 바로 '좌우 균형감'이다. 텔레비전 화면이 아닌 실제 상황에서 이것은 그리 중요한 부분이 아닐지도 모른다. 물론 대부분의 사람들이 자로 잰 듯한 완벽한 균형을 이루고 있지 않은 건 사실이다. 누구나 한쪽 눈이나 턱이 다른 편보다 크거나 작다. 그래서 웬만해서는 인식하지 못한다. 그러나 텔레비전 화면에서는 그 차이가 더 크게 보일수 있다. 그동안의 방송 경험으로 볼 때, 텔레비전 화면은 무엇이든 실제보다 극대화하는 경향이 있다. 그래도 요즘은 SD가 아닌 HD 환경이기에 많이 좋아지기는 했다. 좌우 균형, 좌우 대칭은 사람들로 하여금 안정감과 호감을 준다. 미남, 미녀의 얼굴형에 대한 최근 기사들을 보면 좌우 균형, 황금비율로 얼굴을 분석하고 있다. 앞서도 언급했듯이 해마다 다르게 보이는 신입사원들의 공통점을 찾아보자면, 두 번째 요소가 바로 좌우 균형이라고 할 수있다. 소위 '반듯하다'고 표현되는 인물이다.

최근 〈렛미인〉이라는 미인을 만들어주는 케이블 프로그램이 인기다. 평생의 고민을 가지고 출연하는 사람들을 지켜보면, 불균형적인 얼굴로 고민하는 여성들의 사연이 많이 나온다. 얼굴의 균형이라는 것이 얼마나 중요한지 이 프로그램을 지켜볼 때마다 다시금 느낀다.

선천적인 불균형을 가지고 태어나기도 하지만, 사실 우리의 생활 습관에 의해 미세한 불균형은 지속적으로 만들어지고 있다. 오른쪽을 많이 사용하는 우리들은 흔히 오른쪽 눈이 더 크다든가, 음식을 어느 쪽으로 주로 씹는지, 이를 앙다무는 습관이 있는지에 따라 좌우 균형이 무너진다.

학생들의 고민을 함께하다 보면 어느 순간 의사가 되어 문제를 해결해 주고 싶을 때가 있다. 하지만 알아둬야 할 것은 미세한 좌우 불균형은 생활 습관을 꾸준히 고치기만 해도 어느 정도는 바로 잡을 수가 있으니 좌절하지 말라는 것이다.

방송은 앞에서도 느꼈겠지만 습관을 고치는 일이라는 사실을 다시 한 번 기억하자. 습관은 긴 시간의 반복이 누적되어 만들어진다는 것. 쉽지는 않지만, 나를 좋은 방향으로 바꾸고 고치는 일이 바로 좋은 방송인으로 거듭나는 길이라고 나는 의심치 않는다.

세 번째 조건 : 자신감

어떤 책을 읽다가 이런 대목을 보았다.

"남성에겐 권력이, 여성에겐 자신감이 최고의 최음제다."

이 문장을 그냥 지나칠 수가 없었다. 이렇게 바꾸고 싶었다.

"방송을 하는 사람들에겐 '자신감'이 최고의 매력이다."

그렇다. 방송 무대에서 생존한 많은 아나운서들의 공통점 중 하나가 바로 '자신감'이다. 겉으로 드러나는 자신감뿐만 아니라 옹

골차게 안으로 들어찬 자신감도 여기에 포함된다. 자신감은 그 사람의 말에 엄청난 힘을 부여한다. 자기 확신에서 나온 신뢰, 열정에서부터 뿜어나오는 에너지, 경험이나 체험에서 비롯되는 생생함 등등. 그러다 보면 자연스레 그 사람의 말에 신뢰가 간다. 자신감은 말뿐만 아니라 사람의 표정도, 동작 하나하나까지도 살아 움직이게 한다.

필자가 신입사원 면접에 들어가 보니 '자신감'은 확실히 중요했다. 자신감이 있는 사람에게는 왠지 모를 여유가 느껴졌다. 필자는 궁금했다.

'이 사람들은 도대체 어디서 이런 자신감이 나오는 거지?'

그래서 물어봤다. 그랬더니 어떤 사람은 아나운서 시험에 여러 번 낙방을 한 경험이 많아서였고, 어떤 사람은 지금까지 어려운 형편을 극복하기 위해 안 해 본 것이 없는 사람이었기 때문이었다. 보기에도 뚝심이 남달라 보였다.

그렇다면 '자신감'이란 것은 어디서 기인하는 건가. '두려움'을 극복하면서 얻게 되는 것 아닐까. 그렇다면 이 두려움의 정체는 무엇일까? 여러 가지 원인이 있겠지만 면접장에 서 있는 사람이라면, 낯선 사람들이 자신을 어떻게 평가할지 모르는 두려움, 이런 상황이 처음이기에 실수할지도 모른다는 두려움, 컨디션이 그리 좋지 않아 좋은 목소리로 재치 있게 임할 수 없을지도 모른다는 두려움 등등 개인이 처한 상황과 성격에 따라 다르리라 예상된다. 어쨌든 어떤 두려움도 피하지 않고 맞서 극복하는 것. 이것은 방송인이 되기 위한 가장 중요한 조건 중 하나다.

우리네 방송인들은 무대 위에서 어떤 상황이 펼쳐질지라도, 위기와 두려움을 안고서라도 끝까지 방송을 해내야 한다. 방송은 우리를 편하게 내버려두질 않는다. 모든 스태프가 다 완벽하게 준비해도 세트가 갑자기 넘어지기도 하고, 마른하늘에 날벼락 떨어지듯 커다란 조명이 터지거나 떨어지기도 한다. 그 어떤 경우에든 무대에서 판단할 사람은 오직 혼자뿐이다. 누가 나를 대신할 수도, 무대를 내려갈 수도 없는 상황인 것이다.

우리네 인생도 그렇지 않던가. 미래를 알 수도 없고, 성공이 가까이 와 있는지, 언제까지 이렇게 힘든 건지… 도대체 아는 게 없지 않은가. 그래서 사람들이 느끼는 감정이 점점 대상을 아는 '두려움'에서 대상을 알 수 없는 '불안감'으로 바뀌어가고 있다.

요즘 젊은이들은 사회로 나오기 위해 전보다 더 많은 준비를 한다. 더 많이 공부를 하고, 더 많은 학교들을 다니고, 언어에서부터 문화적 소양까지 못하는 게 없을 만큼 다양한 재능을 겸비하고, 한국이라는 세상 밖으로도 많이 나가봐 국제적 감각과 시야, 매너도 갖추고 있다. 그러나 이 '불안감'으로부터 자유롭지는 못하다. 시대적 불안과 개인적 불안이 뒤섞여 불안의 그림자를 떨치기가 그리 쉬워 보이지는 않는다.

그렇다고 물러서 있을 수만은 없지 않은가. 일단 '작은 두려움'에 마주 서보자. 인생이란 이렇게 '두려움'과 마주하는 과정인지도 모르겠다. 나는 방송 무대에서 '무대 공포증'을 마주 보고, '카메라 공포증'과 친해지면서 20여 년 인생을 배웠다. 무섭고 두려울수록 정면으로 승부하는 수밖에 없다. 피해 갈 방법은 없다.

비주얼의
차별점

개성

가끔 아나운서 준비를 한다며 자신이 적합한지만 봐달라는 사람을 만날 때가 있다. 특히 시험을 바로 목전에 두고 말이다. 준비가 급하거나 미흡할수록 단지 겉모습만을 따라 하려는 경향이 있다. 사실 가장 쉽게 할 수 있는 것이 이것밖에 더 있겠는가. '아나운서답다'는 게 마치 단발이나 커트 머리에 단정한 방송용 슈트를 입고 진하게 화장을 하면 되는 것으로 생각하는 사람들. 이런 모습을 하고 오는 사람들을 만나면 왠지 답답한 느낌이 든다. 똑같이 만들어진 인형처럼 생명력을 느낄 수 없다. 사람은 남과 다른 데서 그 존재 의미가 있는 것이다.

이런 면에서 아나운서라는 직업은 평범한 직업이 아니다. 남과 다르기를 원할 때 우리는 더욱 빛나게 마련이다. 프로그램의 개수만큼 색깔이 제각각 다른 진행자가 있다면 그 방송사는 성공이지 않겠는가. 실제로 필자가 방송 5~6년 차에 미래에 대해 깊이 고민하고 있을 때였다. 한 프로듀서가 해준 말이 20년의 방송 생활을 만들어주었다.

"선배를 따라 하려는 것도 좋아. 방송 초기에는 롤 모델을 정하고 따라 하는 것도 어느 정도는 필요하지. 하지만 어느 단계에 올라서면 그다음부터는 너의 길, 너의 색깔을 찾아야 해."

나는 그때부터 내 자신에 대해 고민하기 시작했다. '나는 어떤 사람인가?', '내가 남과 다른 점이 무엇인가?', '다른 사람이 가질 수 없는 나만의 장점은 무엇일까?' 등등. 나를 더 객관적으로 냉정하게 바라보려 노력했다. 나만이 가진 독특한 개성은 내게 색(色)을 부여한다. 모두가 무난한 회색일 때 노란색으로 돋보일 수 있는 것이다.

개성은 한 사람의 외모에 주어지는 대체할 수 없는 매력이다. 무난하지 않은 것을 두려워하기 전에 나만이 가진 색깔, 매력을 발굴하자. 차차 그 구체적인 방법도 모색해 볼 것이니 잠시 기다려주길 바란다.

아나운서 면접장은 여느 곳에서는 볼 수 없는 진풍경이 펼쳐지기도 한다. 간혹 노래를 부르거나 춤을 추기도 하고, 속사포 중계를 하거나, 개그나 성대모사를 하는 준비생들도 있다. 자신이 뭔가를 정말 잘한다고 자랑하려면 반드시 현장에서 구현이 가능해야 한다는 사실을 명심하자. 짓궂은 면접관들은 꼭 눈으로 확인해보고 싶어 하기 때문이다. 막상 멍석을 깔아주었을 때 어떻게 해내는지는 방송과 밀접한 관계가 있다. 남의 시선보다는 자신이 흥에 겨워야 더욱 돋보일 수 있다.

방송을 할 때도 유머 감각은 참으로 중요하다. 유머 자체는 본디 사람들 사이에서도 정말 중요한 매력 요소이다. 유머 감각을 갖춘 사람이 사람들 사이에서 얼마나 인기가 있는지 다들 알지 않은가? 간혹 타고난 말의 재미를 가진 학생들을 만날 때가 있다. 사람들을 끌어들이는 마력, 유머 감각을 타고난 사람이다. 이런 사람들은 훨씬 부드럽게 느껴지고, 말을 걸어보고 싶고, 또 만나고 싶다. 유머 감각은 그 사람과 나 사이의 긴장을 풀어주며 거리를 확연히 좁혀준다.

진정한 유머는 자신을 낮추는 데서 시작된다. 자신을 솔직히 드러내는 데서 시작된다. 이런 유머는 그 사람의 표정 하나에, 말투 하나하나에 배어 있다. 눈에 아이들처럼 장난기가 가득 배어 있는 사람, 입가에서 웃음과 장난기가 흘러나오는 사람들은 보기만 해도 입가에 저절로 미소가 지어진다. 사람들을 행복하게 만들 수 있다면 이보다 더한 인간의 능력이 있을까? 유머 감각을 가진 사람은 지루한 면접관들에게는 오아시스 같은 존재다.

Step 14

카메라 공포증을 벗어던져라

아직도 방송 카메라 앞에 섰던 그 첫 순간은 잊을 수가 없다. 전날 받은 프로그램 원고는 무려 A4 용지로 10여 장. 모두 외워야 했다. 특집 음악회 형식의 프로그램이었는데, 연주와 연주 사이 대본을 소화해야 했다. 과연 잘할 수 있을지 두려웠다.

필자에게는 중학교 시절 암기에 대한 아주 안 좋은 기억이 하나 있다. 영어 웅변대회였다. 학교 대표로 나간다는 중압감만으로도 힘들었는데, 원고 준비도 본인이 직접 해야 했다. 준비가 미흡했다. 하지만 필자를 믿어주는 선생님 앞에서 감히 못 하겠다는 말을 꺼내지 못했다. 그게 화근이었다. 부족한 영어 실력으로 전날 대부분의 시간을 원고 고치는 데 다 소진했다. 그리고 나니 시간이 너무 흘렀다. 막상 원고를 소화하고, 외우고, 감정 표현을 연습

할 여력이 없었다. 단락별로 외웠다. 한 단락이 끝나고 한 번씩 원고를 참고하면 해낼 수 있을 것 같았다. 반복해서 읽고 또 읽었다. 그러다 잠이 들었다.

다음 날 아침 일찍 서둘러 대회장으로 갔다. 선생님과 교장 선생님이 와 있었다. 나는 원고를 손에 꼭 쥐고 "잘해볼게요."라고 말씀드렸다. 그때 대회 진행자가 내 앞으로 와서 말했다.

"자, 이제 원고는 다 저희에게 주세요. 이 대회는 암기를 해서 이야기를 발표하는 대회인 거 알죠? 자, 더 이상 시간이 없어요. 원고를 걷어갈게요."

'뭐라고? 원고 없이 한다고?'

나는 갑자기 다급해져서 그 사람을 붙들었다.

"죄송한데요, 제가 원고를 보지 않더라도 그냥 손에 쥐고 들어가기만 하면 안 될까요? 원고 없이 할 거라고 생각 못 했어요. 한 번만 봐주실 수 없나요?"

애원을 했다. 정말 진심이었다. 원고가 내 옆에 없다면 아무것도 할 수 없을 것만 같았다. 내 눈에는 눈물이 글썽거렸다. 그러나 담당자는 매정하게 내 손에서 원고를 가져갔다. 그 원고가 내 손에서 빠져나감과 동시에 내 정신도 같이 연기처럼 내 몸을 빠져나갔다. 어디선가 나를 호명했다. 나는 구름 위를 걷듯 무대에 섰고, 뭐라고 말을 했는지, 사람들이 어떻게 나를 봤는지 그 어느 것도 선명하지 않다. 나는 그렇게 많은 사람 앞에 서는 게 두려웠고, 그 두려움을 원고에다 의지하고 있었던 것 같다. 그런데 원고가 손에서 사라지게 되면서 나는 두려움에 맞설 정신력을 다 내려놓았던 것이다.

10여 장이 되는 방송 대본을 들여다보니 다시 아찔해진다.

'이번에는 전같이 해서는 안 되는데….'

간절함은 컸다. 그래서 전날 나는 마치 내 앞에 카메라가 있다고 생각하고 열심히 원고를 외우고 또 외웠다. 정말 완벽을 기했다. '그때는 분명 준비 부족이었어.'라며 더욱 준비에 매달렸다.

다음 날 녹화 방송이 시작되었다. 원고는 내 손에서 치워졌다. 깜깜한 스튜디오에서 카메라와 나는 마주 보고 서 있었다. 나는 스스로 각오를 다졌다.

'그때처럼 정신을 놓아서는 안 돼.'

그 순간 카메라에 On-Air를 의미하는 빨간 불이 들어왔다. 그와 동시에 나는 내 주변의 상황을 다 잊고 이야기에 집중했다. 마치 내 이야기처럼 이야기가 입에서 술술 나왔다. 녹화를 다 끝내고 보니 너무 긴장한 탓인지 온몸이 땀으로 흥건했다. 그래도 내 스스로가 무척이나 대견했다. 암기 공포증을 넘어섰기 때문이다. 그 이후 차차 나는 이 문제를 해결하는 방법을 찾아내게 되었다.

암기는
이제 그만

　필자가 그동안 관찰한 바에 따르면, 외워서 말하는 것과 생각해서 말하는 것은 여러 가지 차이를 보인다. 첫째, 속도가 다르다. 외워서 말하는 것은 까먹기 전에 말로 내뱉어야 한다는 강박관념이 깔려 있어 다소 성급하고 빠른 편이다. 이에 비해 생각해서 말하는 것은 생각을 떠올리는 시간과 호흡 등의 여유를 가진다. 둘째, 외워서 말하는 것은 눈 동작이 뭔가에 사로잡힌 듯 편안하지가 않다. 이에 비해 생각해서 말하는 것은 말하고 있는 내용이 기억을 회상하는 것인지, 지금 느끼는 것인지 등등에 따라 시선이 자연스럽게 달라진다. 말하는 사람의 눈빛에 많은 것이 담겨 있다. 셋째, 외워서 하는 말과 생각해서 하는 말 사이의 가장 큰 차이는 감정의 표현이다. 단지 말을 떠올려 내뱉는 것과 상황을 감각적으로 떠올려 말하는 것은 완연히 다르다. 알고 보면 우리가 내뱉는 말들에는 감정이 풍부하게 흐르고 있다. '행복', '사랑'이라는 단어 하나를 말하는 데에도 얼마나 많은 감정이 실려 있는가.

　진행자는 냉정하게 따져보면 그렇게 많은 양의 말을 하는 역할이 아니다. 패널들이 하는 말에 의미를 부여하면서 서로의 대화에 긴장감과 재미, 소통의 원활함을 끌어내는 역할인 것이다. 그래서 진행자가 말을 많이 할수록 자신의 역할에 충실하기 어렵다. 그래서 한마디 말이라도 꼭 필요한 말을 해야 하는 숙명을 지녔다. 그 한마디가 유효적절해 사람들의 가슴을 건드려 잊혀지지 않아야 한다. 그런데 그 짧은 몇 마디를 암기에 의존한다면 그것이 어찌 시청자의 가슴을 건드리겠는가? 필자는 항상 이렇게 얘기한다. "아나운서는 단 한마디를 하더라도 진심으로 가슴에서 우러난 말을 해야 한다."

그렇지만 방송 프로그램은 구성이라는 것이 있고, 그 흐름에 맞춰 가야 한다. 해야 할 역할과 내용이 어느 정도 정해져 있다는 말이다. 청사진, 밑그림 같은 것이다. 그렇다면 어떻게 해야 내 말도 하고, 구성과 흐름에 맞춰 대본도 소화할 수 있을까?

먼저, 큰 흐름을 이해하자. 그리고 꼭 필요한 말을 '단어'로 정리하자. 필자는 항상 흐름을 잡아가는 단어에 밑줄을 그어가면서 대본 정리를 하거나 한두 장의 큐시트에 단어들을 나열해 내용을 정리해 나간다. 이 말은 방송에 들어가서는 이 단어를 가지고 다시 말을 만들어야 한다는 뜻이다. 이렇게 하는 과정을 통해 나는 방송에서 내 말을 하게 되었다. 이런 훈련을 통해 시사 토론이나 책 토론일지라도 방송 중에 중요 어휘 몇 가지로 상대의 말을 정리하고, 그것을 토대로 내 생각을 정리할 수 있게 되었다.

방송 초기부터 이렇게 방송을 하기는 왠지 불안하고 두려웠다. 당연히 암기를 하려고 했다. 그러나 그렇게 할 때마다 무척 방송이 부자연스럽다는 느낌이 들었다. 한마디로 방송이 잘 풀리질 않았다. 게다가 함께 나온 패널들의 장점을 방송에 담아내지 못했다. 아마도 대본을 통째로 암기하거나 대본에 있는 문장 하나하나에 그대로 묶이다 보면 틀에 박힌 진행이 되고, 무엇보다 토론이나 토크 프로그램에서는 생명처럼 살아 움직이는 대화와 소통을 담아내기가 어렵기 때문일 것이다.

여기에 하나 더, 앞서도 얘기했듯이 필자는 암기에 대한 두려움이 있었다. 아직도 아나운서 중에 대본 암기력이 가장 떨어지는 아나운서 중 하나다. 그래서 다른 방법을 모색했다. 내가 잘할 수 있는 게 무엇인지 찾아 헤맸다. 그러다 듣는 능력, 듣고 이해하는 능력이 남보다 빠르고 정확하다는 걸 알게 되었다. 이쪽으로 집중해 봤다. 그랬더니 대본에서 담고자 하는 형식과는 다르지만, 자연스럽게 물이 흘러가듯이 이야기가 나왔다. 출연자들도 미처 생각지도 않았던 이야기를 했다며 신기해했다.

대화란 그런 것이다. 누구를 만나느냐에 따라, 어떻게 소통하느냐에 따라 다르게 풀리는 법이다. 필자는 '암기'를 버리고 더 중요한 '소통'이라는 세계를 얻었다. '암기'는 자연스러운 방송을 저해

한다. 이제는 암기를 버리자.

　방송을 위해 필요한 '대본'과 앞서 설명한 것처럼 필자가 대본을 외우지 않기 위해 '단어로 정리한 표'를 비교해 보겠다. 대본을 어떻게 정리표로 만드는지, 그리고 그것을 어떻게 말로 되돌리는지 실제 눈으로 비교하면서 확인해 보자.

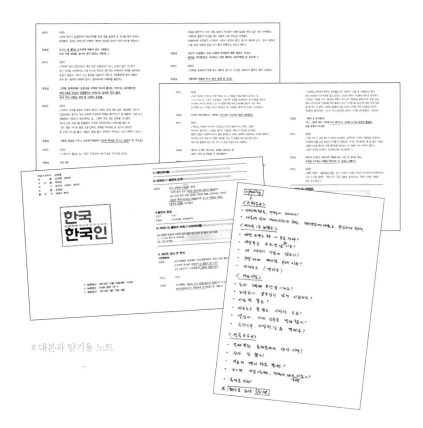

대본과 암기용 노트

카메라를
잊어라

방송을 처음 할 때 다들 가장 불편해하는 것이 '카메라'다. 카메라를 어떻게 봐야 하는지, 카메라의 시선을 상당히 불편해하고 의식한다. 필자가 방송에 처음 출연하는 패널들에게 늘 주문하는 것 중 하나가 바로 이것이다.

"카메라를 신경 쓰지 마세요."

물론 쉬운 일은 아니다. 어떻게 뻔히 보이는 걸 없다고 생각하라는 말인가. 그러기 위해 진행자인 내가 출연자의 이야기에 완전히 집중해 준다. 대본을 보는 시간을 최소화한다. 그리고 이렇게 다시 한 번 말한다.

"여기에 우리밖에 없다고 생각하세요. 불이 켜진 곳에 우리만 있다고요. 그리고 우리가 나누는 이야기에만 집중하면 돼요. 그것이 바로 카메라를 잊어버릴 수 있는 방법이에요."

사실 카메라는 일종의 타인의 시선이다. 여성에게는 남성의 시선일 수도, 남성에게는 여성의 시선일 수도 있다. 우리 주변에서 타인의 시선을 지나치게 의식하는 사람은 왠지 모르게 부자연스럽고 불편해 보인다. 한 예로 남성의 시선을 지나치게 의식하는 여성은 아무리 아름다워도 시간이 지나면 지날수록 매력적이지 않다. 그것은 타인의 시선에 얽매이는 것으로 보이기 때문이다. 왜 타인의 시선에 얽매이게 될까? 타인이 나보다 힘이 있어서, 잘 보이려고, 두려워서⋯. 이건 사실이다. 필자도 더 많은 시청자들이 관심 있게 보는 프로그램을 진행하면 훨씬 긴장된다.

그러나 비슷한 상황에서도 더 긴장하는 사람이 있는가 하면, 그렇지 않은 사람이 분명 있다. 그러면 어떤 사람이 더 긴장을 한다는 말인가? 방송을 하면서 지켜봐온 바에 따르면, 강박증이나 완벽주의를 가진 사람들이 가장 카메라 앞에서 많이 긴장한다. 완전히 준비되기 전에 방송을 하면 특히 더 당황하고 긴장한다. 이들에게는 충분히 준비할 시간을 주어 긴장을 완화하게 해주어야 한다. 그리고 주어진 대본에서 너무 달라지면 더 긴장하므로 가능하면 준비한 내용을 충분히 할 수 있도록 배려해 주는 것이 바람직하다.

이 외에도 긴장을 많이 하는 부류가 또 있다. 이들이 긴장한다고 하면 다들 믿지 않을지도 모른다. 왜냐하면 이들은 항상 자신감이 넘쳐 보이기 때문이다. 그러나 이것은 내 경험이기도 하고, 후배들을 교육하면서 확인한 것이기도 하다. 외향적인 사람이 내향적인 사람에 비해 카메라 앞에서 훨씬 긴장한다. 외향적인 사람은 자신을 보여주는 데 익숙하다. 그 말은 타인의 시선을 실제로 많이 의식한다는 뜻이다. 참으로 희한하게도 내향적인 사람들은 떨지 않는다. 감정 표현이나 쇼맨십이 외향적인 사람들보다는 못하지만 정말 담담하게, 차분하게 방송을 한다. 관심과 시선이 밖으로 향해 있지 않아서일 것이다. 그러니 외향적인 사람은 카메라가 친구처럼 익숙해질 때까지는 내 자신이 무엇을 말하고 있는지에만 몰두하려는 노력이 필요하다.

방송 초기에는 외향적인 성격을 가진 필자도 많이 긴장했다. 특히 시선 처리가 자연스럽지 못했다. 카메라를 보아야 할지 진행자를 보아야 할지 몰랐다. 그러다 보니, 두 사람을 쳐다보듯이 이리저리 눈알을 굴렸다. 큰 눈을 얼마나 굴리는지 '또르륵또르륵' 소리가 날 지경이었다. 스스로 모니터를 할 때마다 어찌할 바를 몰랐다. 어딘가 한군데 시선이 고정되어야 안정감이 있어 보이는데 그렇지 못했다. 그래서 진행자만을 쳐다보며 말을 했다. 그랬더니 자연스레 카메라가 나를 따라왔다. 표정이 훨씬 자연스러워지고 안정감이 느껴졌다. 원래 어떤 상황이 펼쳐지면 카메라가 그 상황을 따라오는 것 아니던가? 내가 카메라를 따라 시선을 움직일 것이 아니라 그 상황에서 가장 자연스러운 시선 처리를 하면 되는 것이었다.

그 후로 내가 쓰는 방법은 카메라가 없다고 생각하는 것이다.

그냥 무대 위 이야기하는 상황만 있다고 생각했다. 그 밖의 상황은 진행자에게 불필요했다. 그리고 시청자에게 해야 할 말이 있을 때만 카메라를 응시했다. 그러니 카메라를 바라보는 시선도 좀 더 편안해졌다. 카메라가 없다고 생각해라! 카메라를 잊어라!

상황에 몰입하고 즐겨라

〈주부, 세상을 말하자〉를 진행할 때였다. 뮤지컬 음악 감독인 박칼린 감독을 인터뷰하러 갔다. 피아노 앞에서 연주를 하다가 인터뷰를 시작했는데, 그때 박칼린 감독이 한 말을 지금도 잊을 수가 없다.

"나는 배우들의 표정에서 그들의 생각을 다 읽어요. 자신이 예쁘다고 생각하거나 딴생각에 빠져 그 역에 빠져들지 못하는 배우들에게 저는 화가 납니다. 배우는 역에 완전히 빠져들어야 해요."

박칼린 감독이 마치 내게 야단을 치는 것만 같았다. 뜨끔했다. 어쩌면 시청자들도 다 알고 있을지 모른다. 내가 그 방송 내용에 완전히 몰입하고 있지 않다는 사실을…

방송인들에게는 방송의 순간순간이 스쳐가는 '현재'가 된다. 그리고 그런 현재가 쌓여 미래가 된다. 필자는 항상 방송하는 그 순간에 충실해야 한다고 생각한다. 방송하는 그 순간에 다뤄지는 내용에 대해서, 그 순간에 만나는 사람에게, 그 순간 내 자신에게 말이다.

미래를 위해서만 현재를 쓰느라 현재에 몰입하고 즐기는 사람들이 점점 줄어들고 있다. 현재는 바로 이 순간뿐이다. 심보르스카라는 폴란드 시인은 〈두 번은 없다〉는 시에서 이렇게 적고 있다.

두 번은 없다. 지금도 그렇고 앞으로도 그럴 것이다. 그러므로 우리는 아무런 연습 없이 태어나서 아무런 훈련 없이 죽는다. (중략) 반복되는 하루는 단 한 번도 없다. 두 번의 똑같은 밤도 없고, 두 번의 한결같은 입맞춤도 없고, 두 번의 동일한 눈빛도 없다.

우리네 인생은 이렇다. 모래알이 손에서 빠져나가듯이 시간이 우리를 스쳐 지나가고 있다. 우리의 현재는 지금 이 순간뿐이다.

지금도 기억에 잊히지 않는 방송들이 있다. 뭔가를 느낀 순간들이다. 뭔가가 가슴 안으로 들어오면 그 순간은 잊히지 않는다. 이런 순간들이 쌓여 정용실이라는 사람의 방송이 만들어진다. 교통 사고로 시력을 잃은 부인과 함께 살아가며 온 집 안의 불을 끄고 사는 남편의 마음에서, 사형을 기다리는 초조하고 힘든 사형수의 마음에서, 어린 시절 가난 속에서도 예쁜 꽃들로 정원을 가꾸며 살았던 어머니를 떠올리며 아름다운 정원을 만드는 여성의 마음에서 따스한 뭔가를 느끼며 내 자신도 조금씩 달라져왔다.

내가 방송을 하고 있다는 사실을 잊어버리자. 내가 만나고 있는 사람이 나의 친구고, 나의 소중한 사람이다. 그들과 진정 마음을 열고, 소통하면서 내 감정에 솔직하자.

울고 싶으면 울고, 웃고 싶으면 웃자. 시청자는 진정한 희로애락을 보고 싶어 하는 것이다. 방송이 더 이상 가식이 아닌 진정한 무엇이기를 바란다.

가장 자연스러운, 두려움 없는 방송을 하려다 보니, 정말 있는 그대로의 나를 보여주는 것 외에 답이 없다는 생각이 든다. 보여지는 것과 실제가 다르지 않은 진짜가 될 때 방송인도 행복해진다. 겉과 안이 다르지 않다는 것이 우리를 불안하지 않게 하고, 삶을 행복하게 만든다. 방송을 하는 그 순간을 놓치지 말고 몰입해서 즐겨라!

무대 공포증은 음악 자체보다 남들이 어떻게 생각하는지에 더 신경을 쓸 때 생기는 것이지요. 내가 가질 수 있는 유일한 두려움은 내 안

의 비평이었어요. 하지만 일단 연주를 시작하면, 초조함까지도 다 사
라졌지요.

— 캐롤라인 스토신, 《백년의 지혜》中

방송이 어떻게 시작되었는지를 생각해 보면 두려움을 벗어날
방법을 찾기 쉬워진다. 방송은 일상에서 사람들이 주고받는 정보
와 이야기, 수다, 감정, 유머 등등을 화면에 담고자 하는 매체다.
최근 늘고 있는 ENG 리얼리티 프로그램을 보면 그 의미를 더 정
확하게 알 수 있다. 방송에 출연하는 사람들은 단지 자신이 하는
일에 몰입하면 된다. 카메라도 사람 숫자 이상이 따라가기 때문에
카메라를 의식할 필요가 없다.

방송 환경은 점점 이런 방향으로 가고 있다. 방송을 통해 시청
자와 나눠야 하는 이야기의 주제와 내용, 그리고 가장 중요한 감
정에 집중하면 된다. 예쁘게 나올까, 옷이 삐뚤어지진 않았을까,
머리가 흐트러지진 않았을까 등등 다른 생각에 사로잡혀서는 안
된다. 다 보인다. 상황에의 '몰입과 집중'이다. '몰입과 집중'은 두
려움을 잊게 해준다. 카메라, 무대, 수많은 사람들… 그 모든 것으
로부터 자유롭게 해준다.

방송은 내 자신을 보여주는 것이다. 예쁘게 보이고자 하는, 잘
보이고자 하는 '불안함', '두려움'을 과감히 던지고 나니 내 자신

이 하나씩 나타나기 시작했다. 진정한 인간 '정용실'이 시청자와 만나기 시작했다. 기쁜 일에 활짝 웃고 항상 밝고 에너지 넘치는 내 자신이 서서히 그 모습을 드러내기 시작했다. 바로 이 무렵부터 시청자들은 '정용실'이란 아나운서를 기억하기 시작했다. 나는 한때 감추고 싶기도 했던 '함박웃음'을 언젠가부터 그대로 보여주게 되었다.

Step 15

조명에 적응하기

스튜디오가 우리가 생활하는 곳과 가장 크게 다른 점은 바로 조명이다. 조명의 밝기가 평소보다 훨씬 밝은 편이다. 밝은 곳에 들어가게 되면 이런 생각이 든다.

'나의 단점이 너무 적나라하게 보이는 거 아냐?'

누군가가 나를 뚫어져라 쳐다보는 느낌이 든다. 바로 이런 느낌이 방송 스튜디오에 들어와서 사람들이 대부분 느끼는 감정이다. 다른 것은 조금씩 변화가 가능하나 조명만큼은 바꿀 수가 없다. 우리가 적응해야 한다. 사람들 앞에서 마치 발가벗은 것 같은 부끄러운 감정을 어떻게 편하게 만들 수 있을까.

뉴스를 잘하는 한 선배는 다음과 같은 방식으로 적응을 해보라고 후배들에게 권했다. 뉴스 스튜디오에서는 대부분 앉아서 뉴스를 읽는다. 그때 그 바로 앞에 있는 카메라와 조명이 눈에 들어온다. 그러니 화장대에 앉아 거울을 카메라라고 생각하고, 스탠드를 양옆에 켜놓으면 흡사한 환경이 만들어진다. 그 상태로 거울을 쳐다보면서 뉴스를 소리 내어 읽어보라고 한다. 상당히 좋은 방법이다. 조명에 충분히 익숙해질 수 있다.

이것을 응용해 볼 수도 있겠다. 6mm 카메라를 삼발이 위에 세우고 밝은 스탠드를 카메라보다 조금 높은 위치에 세운 뒤 뉴스를 녹화해 보는 것이다. 거의 실전 상황과 비슷하다. 이것이 눈에 익숙해지면 뉴스 스튜디오는 더 이상 낯설 게 없다.

카메라도, 조명도, 무대도 다 우리의 삶 속에 있는 일상적 공간이 아니다. 일상적 공간은 익숙하다는 의미다. 일상적이 아니라는 것은 낯설다는 의미다. '낯설다'는 것은 '사물이 눈에 익지 않다'는 것이고, 그래서 불편하고 두렵다는 것이다. 낯선 상황은 우리를 움츠러들게 한다. 낯선 상황은 우리를 당황하게 한다. 낯선 상황은 우리를 불편하게 한다. 낯선 상황에서 우리는 실력 발휘를 하기 어렵다. 낯선 상황에서는 감정 표현이 자연스럽지 못하다. 그럼 어떻게 하면 낯설지 않겠는가. 많이 경험하는 방법밖에 없다. 익숙하게 만드는 수밖에 없다.

낯설다는 말의 상반되는 의미를 가진 '익숙하다'라는 단어의 뜻을 들여다보니 이런 뜻도 있다. '눈이 어둡거나 밝은 곳에 적응해 웬만큼 볼 수 있다.' 눈이 적응하는 것이 이만큼 중요하다는 뜻이다. 본능적으로 피할 수 없는 낯섦의 하나인 '빛'에 적응하자.

Step 16

화면에 적응하기

방송국에 들어와서 크게 놀랄 때가 두 번 있다. 그 하나가 자신의 뉴스를 녹음해서 들어볼 때고, 두 번째가 화면을 통해서 자신의 모습을 보게 될 때다. 왜 그럴까? 방송과 실제가 우리가 생각하는 것과 달리 약간의 차이가 있기 때문이다.

소리도 육성이 더 좋은 사람이 있는가 하면 방송으로 듣는 소리가 더 좋은 사람도 있다. 방송에 더 적합한 소리를 가질수록 육성보다 방송을 통한 소리가 더 좋게 마련이다. 필자의 경우, 여성 아나운서 가운데 가장 낮은 음역을 가지고 있다. 그래서 흔히 '알토'라는 말을 많이 듣는다. 이와 더불어 '엔지니어들이 좋아하는 음역'이라는 소리도 간혹 들었다. 이유는 남성의 가장 낮은 음역과 여성의 가장 높은 음역은 기계에서 깎이게 되는데, 남성과 여성의 중간 소리에 속하는 필자의 음역이 기계에서 받아들이기 좋은, 깎이지 않는 소리라는 것이다. 평생 필자의 육성을 꾀꼬리 같다거나 아름답다고 표현하는 사람을 본 적이 없다. 그러나 방송을 통해 듣는 사람들은 필자의 음성이 좋다고, 아름답다고 표현하기도 한다. 처음에는 정말 믿기지가 않았다.

화면도 마찬가지다. 실물과는 다른 느낌으로 나타난다. 어떤 이는 단점이 다 사라지고 장점이 부각되기도 하고, 어떤 이는 정반대로 화면에 단점만 부각되기도 한다. 이 둘 사이에는 어떤 차이가 있는 것인가. 이것은 카메라에 따라서도 정말 많은 차이가 있다. 그리고 스튜디오 카메라, ENG 카메라에 따라서도 저마다 다른 결과를 가져온다. 그래도 최근 HD 카메라가 사용되면서 화면은 전보다 실제에 가까워지고 있다. 앞으로 기술의 발전은 좀 더 실사에 가깝게 보고자 하는 인간의 욕망을 반영하게 될 것이다.

얼굴과 어깨의
비율이 중요하다

사람은 자신의 신체 하나하나를 그렇게까지 제대로 알고 있지 않다. 방송을 하기 전까지는 필자도 마찬가지였다. 그래서 화면으로 보이는 내 모습을 객관적으로 보면서 참으로 우울하기도, 속상하기도 했다. 아마 아나운서를 꿈꾸는 많은 학생들도 마찬가지의 심정이 아닐까 싶다. 자신의 신체적 단점을 마주한 지 20여 년이 흘렀어도 아직 완전히 벗어날 수 없다는 사실은 아마도 그 당시의 아픔이 컸다는 뜻이 아닐까 싶다.

화면의 비율이 우리의 실제 시선처럼 아무리 넓게 보여도, 카메라의 기술이 HD 수준이 되었다 하더라도, 방송과 실제가 똑같지는 않다. 어느 정도 카메라의 왜곡이 있게 마련이다. 과거 SD 카메라든, 현재 HD 카메라든 변하지 않는 것 하나가 있다. 얼굴에 비해 어깨가 넓다면 화면상에서는 얼굴이 작아 보인다는 것. 즉, 얼굴과 어깨의 비율이 참으로 중요하다는 점이다. 그래서 대체적으로 여성보다 어깨가 넓은 남성들이 얼굴이 작아 보인다. 이에 비해 여성들은 얼굴이 커 보이기 쉽다. 실제는 어떻게 보이든지 어깨가 넓은 사람은 얼굴이 작아 보인다. 어깨를 넓어 보이게 한다면 얼굴을 더 작아 보이게 할 수 있지 않을까?

필자의 경우, 평생을 어깨가 좁은 줄 잘 몰랐다. 단지 어깨가 넓지 않아 여성스러워 보인다고 생각했다. 그러나 막상 방송 카메라 앞에 서보니 어깨가 좁았다. 얼굴이 커 보이고 왜소해 보이는 것이 영 자신감 있어 보이지를 않는 것이다. 고민을 했다. 헤어스타일도 바꿔보고 의상도 신경을 썼다. 의상에서는 어깨 부분이 가장 중요했다. 코디네이터들도 어깨에 패드를 대는 것을 잊지 않았다. 그러나 하나 잊어서는 안 될 것이, 감추고 싶은 마음에 지나치게 가리면 더 눈에 띄게 된다는 사실이다. 어깨가 지나치게 강조되면 얼굴이 작아 보이는 것이 아니라 어깨가 왜 그런지 보게 된다.

화장술은 특히 더하다. 살찐 볼살을 감추기 위해 볼에 섀도잉을 진하게 하면 할수록 볼이 넓다는 사실을 강조할 뿐이다. 적당히 보완해야 한다. 단점을 인정하고, 살짝만 보완하자. 단점도 때로는 매력이 될 수 있다고 여겨야 지나침을 막을 수 있지 않을까.

의상에만 의존하는 방법은 부족하다. 필자는 그 후로 운동을 한다. 주로 상체 운동을 한다. 여자라서 근육이 잘 생기지는 않아도 조금씩 만들어본다. 작은 변화라도 화면에서는 제법 큰 차이가 될 수 있다.

스튜디오 카메라에서는 얼굴과 어깨의 비율이 극명하게 보인다. 하지만 ENG 카메라에서는 이 부분이 그리 크게 문제가 되지 않는다. 그래서인가. 필자는 이삼십 대에 ENG 프로그램을 많이 했다. 본인의 단점이 적게 드러나는 카메라였다. 그러나 불행하게도 아나운서 카메라 테스트는 스튜디오 카메라로만 한다. 그러니 어깨와 얼굴의 비율이 중요해지는 셈이다. 자신의 상황에 맞춰 이에 걸맞은 의상을 준비해야 한다.

화면에서는 화장보다
헤어스타일이 중요하다

펄광이니 윤광이니, 물광이니 하는 피부 화장법이 한동안 유행했다. HD 카메라가 사용되면서 더 정밀한 피부와 헤어 표현이 가능해진 까닭이다. HD 카메라는 전보다 더 실제에 가깝게 보여주기 때문에 전체적으로 자연스런 화장법을 활용하는 편이다. 그런 까닭에 이전보다 피부와 헤어스타일에 관심들을 가지지만, 이것은 장점을 극대화하는 방법이라는 사실을 잊어서는 안 된다. 물론 자신에게 보완해야 할 단점이 거의 없는 경우에는 장점 극대화에 집중해야 할 것이다. 그러나 화면에 나이가 들어 보인다거나, 이마가 지나치게 넓다거나, 얼굴이 커 보이는 등의 단점을 가진 경우라면 단점 보완이 우선이지 않을까.

얼굴 윤곽의 단점을 보완하는 것은 바로 헤어스타일. 헤어스타일은 얼굴 윤곽을 완성한다. 얼굴이 동그란 편인지, 긴 편인지, 이마가 납작한 편인지, 뒤통수가 납작한 편인지에 따라 헤어스타일은 달라져야 한다. 얼굴이 약간 긴 편일 때는 머리 길이가 짧으면 더 길어 보일 수 있다. 그래서 흔히 자신의 턱선보다는 약간 긴 기장으로 보완해 주어야 한다. 헤어스타일의 보완은 생각보다 효과가 크다. 얼굴의 윤곽, 크기를 달라 보이게 함으로써 단점을 보완해 준다. 자신에게 맞는 헤어스타일의 연구는 중요하다.

또 하나 눈여겨봐두어야 할 것은 HD 카메라의 사용으로 현직 아나운서들의 머리 길이가 많이 길어졌다는 점이다. 커트 머리와 단발머리만이 아나운서의 헤어스타일은 아니라는 사실이다. 자신의 단점을 보완하면서도 개성을 드러낼 수 있는 방법을 찾아야 한다.

카메라
마사지

방송인들끼리 흔히 쓰는 용어 중 하나가 바로 '카메라 마사지'다. 방송을 오래 할수록 화면이 좋아지는 걸 빗대어 하는 표현이다. 이 말은 무슨 뜻일까? 카메라에 나오는 자신의 모습의 장단점을 알고 카메라에 맞게 점점 자신을 바꿔간다는 말일 것이다. 다시 말해, 어떻게 하면 화면에 잘 나오는지 알게 되었다는 말이 아니겠는가. 그렇다고 이렇게 자신이 변화하는 데만 초점을 맞춘 말은 아니다. 시청자들의 눈에도 익숙해져 간다는 뜻이 있다. 시청자에게도 친숙해지는 것, 익숙해지는 것이다.

누구나 화면에 적응될 수 있다. 누구나 화면에 맞게 변화할 수 있다. 대신에 자신의 장단점에 대한 인식과 연구가 있어야 한다.

작은 화면에 큰 손동작

　방송인은 참으로 쉬운 직업이 아니다. 작은 버릇이 방송 화면을 통해서는 크게 보이거나 거슬릴 수도 있기 때문이다. 아나운서들이 스튜디오 프로그램을 진행할 때 원고를 손에 들고 하는 모습을 흔히 볼 수 있다. 요즘처럼 프롬프터 진행자가 카메라를 보면서 원고 내용을 읽도록 해주는 장치가 잘되어 있는 경우에도 원고를 손에 드는 경우가 많다. 이유가 무엇일까? 대본을 잠깐씩 보기 위함은 아니다. 원고를 손에 들고 있음으로써 정돈된 느낌을 주기 위해서다. 원고가 없다면 손은 자신이 가진 버릇대로 움직이게 마련이다.

　사람들은 이야기를 할 때 자신만이 가진 특유의 손동작들을 하게 된다. 서양 사람들은 더 많은 손동작을 활용해 이야기한다. 그래도 우리의 경우는 그 정도는 아니다. 하지만 더빙을 하다 보면 감정을 잘 표현하기 위해 손을 쓰는 것도 좋은 방법임을 깨닫게 된다. 손을 움직이게 두면 감정이 훨씬 잘 잡히고 잘 표현되는 것은 사실이다. 그렇기 때문에 손은 자꾸 움직이려 한다. 하지만 진행자가 화면에 크게 잡히는 순간에 지나치게 큰 손동작은 이야기 내용으로 사람들을 끌고 들어가는 게 아니라 손동작으로 시선을 분산시킨다. 손동작은 적절해야 한다. 이것을 어떻게 활용하느냐에 따라 전문성이 있어 보이기도 하고, 초보처럼 보일 수도 있다. 자신의 분위기에 맞는 손동작을 고민할 필요가 있다.

지나친 손동작은
거슬린다

진행자는 주로 바스트 샷인물의 가슴 부분부터 머리 부분까지 촬영한 샷이나 웨이스트 샷인물의 허리 부분부터 머리 부분까지의 상반신을 촬영한 샷 화면에 주로 등장한다. 뉴스나 대담 프로그램에서 진행자의 표정을 담기 위해 주로 이러한 사이즈의 화면을 사용하곤 한다. 이 사이즈의 화면은 얼굴 표정을 비롯한 상체의 움직임, 손동작이 확연히 눈에 들어온다. 카메라가 점점 클로즈업으로 들어올수록 모든 동작들이 크게 보이는 것이다.

그러다 보니 본인이 평소 가지고 있던 습관들이 화면상의 거슬리는 요소로 등장하기 십상이다. 미세한 얼굴 표정보다는 다소 크게 움직이는 손동작은 바스트 샷이나 웨이스트 샷에서는 두드러지게 보인다. 뉴스나 시사 프로그램에서는 원고와 테이블이 앞에 놓여 있기 때문에 손이 의지할 곳이 있다. 원고를 넘길 수도 있고, 테이블 위에 자연스레 올려놓아도 된다. 일부 뉴스 진행자는 진행의 전문성을 돋보이게 하기 위해 펜을 잡는 모양으로 손이 해야 할 일을 정해주기도 한다. 그렇지 않다면 테이블 위에서 손을 마주 잡거나 약간씩 사용하면서 자연스러움을 추구하는 진행자들도 있다.

이보다 더 자연스러운 몸동작을 요구하는 일반 교양 프로그램에서는 손을 더 적극적으로 활용할 수 있다. 만약 손을 전혀 사용하지 않는다면 얼마나 경직되고 답답해 보이겠는가. 하지만 일반 교양 프로그램에서는 손을 지지할 높이의 테이블이 없기도 하고, 원고를 들고 있기가 어려울 때도 있다.

이런 프로그램의 진행자 중에 유난히 손동작이 많은 사람들이 있다. 말이 시작될 때부터 끝날 때까지 손을 계속 사용하는 것은 보는 사람들을 힘들게 할 수 있다. 특히 손동작이 높이 올라오는 것은 조심해야 한다. 가슴선 위, 얼굴 가까이로 손이 올라오게 되면 화면의 중앙 부분에서 시선을 온통 손으로만 향하게 한다. 게

다가 특유의 손동작이 있다면 더욱 눈을 뗄 수 없다. 자신의 프로그램을 냉정한 시선으로 꾸준히 모니터를 하지 않는다면 자신이 현란한 손동작을 쓰고 있다는 사실조차 모를 수가 있다. 손동작은 무의식적으로 하고 있는 경우가 많기 때문이다.

따라서 평소의 자신을 얼마나 잘 아느냐가 자신을 변화시키고 개선할 수 있는 토대가 된다는 사실을 잊어서는 안 된다. 아나운서는 자신을 냉정하게 바라보고 관찰할 수 있는 눈을 가져야 한다.

손 처리가 가장
어려운 과제다

어느 날 잡지 사진 촬영을 하게 되었다. 자연스러운 표정과 동작을 해달란다. 스틸이든 동영상이든 카메라를 바라보는 것은 그리 어색하지 않아서 요구한 대로 해보았다. 그동안 카메라를 바라본 세월이 얼마던가. 마음을 편하게 먹고 촬영에 임하는데 촬영을 담당하는 사진기자가 의미심장한 말을 한다.

"방송하시는 분들은 참 한결같이 손동작을 하세요. 아무리 편하게 하시라고 해도 두 손을 앞에다 마주 잡지요. 참 이해할 수가 없어요."

뭔가를 들킨 느낌이었다. 그렇다. 오랜 방송 생활을 통해 화면에 적합한 동작을 하기 위해 손을 붙들어 놓았던 게 습관이 되었다. 자연스럽게 해보라니 어떻게 해야 할지 모르겠다.

손동작은 말의 내용과 감정과의 자연스러운 호흡이 중요하다. 지휘자의 손이 음악의 흐름과 청중의 감정을 잘 표현했을 때 더욱 아름답게 느껴지듯이 말이다. 그래서 손을 잘못 사용하면 스튜어디스들이 기내 안전 수칙을 설명할 때처럼 과장되고 어색하다는 생각을 지울 수 없게 마련이다. 스튜어디스들은 멀리 있는 승객들의 시선을 모으기 위해 과장되게 표현한다. 그리고 동작의 순서를 익히게 하려는 의도도 있을 것이다. 그러나 방송인이 그러한 동작을 한다면 얼마나 어색하겠는가. 간혹 귀엽게 보이기 위해, 새로운 시도로 이런 손동작을 하는 경우가 있다. 그러나 손동작은 다음 화면을 지시하는 것처럼 다소 내용의 전환을 위해서 적절하게 사용하는 것이 좋다. 자칫 보는 사람들을 불편하게 할 수도 있다.

손동작을 계획 없이 남발해서는 안 된다. 내용을 강조하기 위해서, 순서를 지목하기 위해서, 좀 더 전문적인 진행자로서의 자신감을 드러내기 위해서 조심스럽게 절제해서 사용해야 한다. 평소 자신이 말을 할 때 사용하는 손동작 가운데 어떤 동작이 자연스럽고 내용을 더 살릴 수 있는지 생각해 보고, 다른 방송인들의 손동작도 잘 모니터해 보면서 자신만의 자연스러운 손 처리를 해야 할 것이다. 필자에게도 그 어떤 동작보다 손동작은 가장 어렵고 힘든 감정 표현이다. 카메라 테스트나 면접에서 주의해야 할 보디랭귀지 중 하나가 바로 손이다. 기도하듯이 가슴에 모은 손은 소극적으로 보이고, 뒷짐 지듯이 보이지 않는 손은 뭔가를 감추고 있는 듯하다. 힘이 들어가지 않은 편한 손 처리는 그 사람의 편안하고 안정된 심리를 반영하고 있는 것처럼 느껴진다.

눈은 가장 중요한 얼굴 표정

앞서 지나친 손동작은 자칫 시청자의 시선과 뉴스의 내용, 감정
의 흐름을 방해하기 쉬우므로 적절하게 사용하자는 말을 했다. 그
렇다면 감정과 내용의 흐름을 끌어들이는 보디랭귀지에는 과연
어떤 것이 있을까?

얼굴 표정 가운데 가장 중요한 역할을 하는 곳은 바로 '눈'이다.
사실 사람의 눈은 많은 말을 하고 있다. 진짜 미소와 가짜 미소를
판별하는 데도 '눈'이 그 열쇠를 쥐고 있다. 눈은 많은 진실과 감
정을 드러내고 있다. 그래서 '눈은 마음의 창'이라는 표현까지 있
는 것 아닐까. 그러다 보니 방송의 감정선을 끌고 가는 여성 진행
자들은 눈이 큰 경우가 많다.

눈 깜박임,
불안감과 자신감 부족으로 인식된다

방송 초기, 내 방송을 모니터하면서 가장 눈에 띄는 부분은 바로 눈이었다. 어쩌면 큰 눈을 그리도 자주 껌벅이던지 내용이 하나도 안 들어올 지경이었다. 방송 경력이 없어 아주 불안하고 산만해 보였다. 실제 그런 면이 있기도 했다.

스스로를 가만히 관찰해 보니, 평소에도 눈을 자주 깜박이는 버릇이 있었다. 오랜 시간 콘택트렌즈를 끼다 보니 안구 건조증이 있어서인 듯싶었다. 하지만 이런 속사정을 누가 알겠는가. 그렇다면 일일이 사람들에게 설명해야 하는 것인가? 그건 아니다. 이런 버릇을 알아챘다고 해서 바로 시정되는 것도 아니었다. 다음 방송도, 그다음 방송도 아무리 의식을 해도 마찬가지였다. 버릇, 습관이 이렇게 무서운 것이라는 생각이 들었다. 누군가가 '습관이 운명을 만든다'고 했던 말이 떠올랐다. 습관을 고치는 건 쉬운 일이 아니다. 시간도, 노력도 많이 든다.

그렇다고 포기할 순 없지 않은가. 평소 습관을 바꾸는 수밖에 없다는 생각이 들었다. 평소 누군가와 이야기를 할 때, 누군가의 이야기를 들을 때, 그 많은 시간을 훈련의 시간으로 생각했다. 가까운 사람들은 눈싸움을 하듯이 눈을 깜박거리지 않고 이야기를 듣거나 나누는 내 모습이 불편하다고 불평하기도 하고, 그만하라고 화 비슷한 감정을 내비치기도 했다. 처음에는 눈싸움하는 것처럼 눈에서 눈물이 마구 쏟아질 것 같고 눈이 아파왔다. 그러나 차차 시간이 지날수록 눈을 깜박이지 않는 게 덜 힘들었다. 방송에서도 차차 눈 깜박임이 줄었다. 점점 안정감이 있고, 자신감이 있는 눈빛으로 바뀌었다. 아주 사소한 듯하지만, 정말 중요한 변화였다. 아나운서 진행자들이 반드시 고쳐야 할 습관이다.

카리스마는
눈에서 나온다

필자는 여성 진행자로서 혼자 진행하는 프로그램을 많이 맡아왔다. 혼자 진행하는 데 어려움은 실수를 채워주거나 보완해 줄 사람이 아무도 없다는 것. 방송을 하면서 챙겨야 할 것이 혼자일 때는 정말 많다는 것이다. 그러나 혼자 진행하는 프로그램의 좋은 점은 프로그램의 내용, 구성상의 흐름이나 결론을 향해 가는 방향이 바뀌더라도 둘이 서로 소통할 필요가 없기 때문에 즉석에서 바꿀 수 있다는 점이다.

단독 여성 진행자로서는 또 하나 넘어야 할 산이 있었다. 바로

'카리스마'가 있어야 한다는 점이었다. 패널들을 장악하는 것은 물론이고, 시청자에게도 그렇게 느껴지게 해야 한다고들 생각한다. 참으로 쉬운 일은 아니다. 카리스마는 사전적으로는 '대중이 따르게 하는 초인적인 자질, 대중 또는 조직 구성원을 복종하게 만드는 강한 마력이나 능력'을 의미하는데, 방송이라는 한정된 공간 안에서는 패널들을 다룰 수 있는 '기氣'라고 볼 수도 있다. 한마디로 어떤 상황에서도 기죽지 않는 것. 반드시 남성적이고, 권위적인 느낌만을 의미하는 것은 아니다. 부드럽지만 녹록지 않은 것도 여기에 포함된다. 한편에서는 강하고 커다란 음성으로 진행하는 것을 카리스마 있다고 생각하는 경우도 있다. 그러나 큰 목소리나 강한 동작에서 진정한 카리스마가 뿜어져 나오는 게 아니다. 바로 '눈빛'과 '당당함', '자신감'을 드러내는 몸짓에서 우러나오는 것이다.

방송의 내용을 알고, 방송 중 나누는 이야기에 집중하는 사람의 눈은 깜박거리지 않는다. 모든 것을 빨아들이는 것만 같다. 이런 눈빛에서 바로 자신감과 당당함이 묻어나는 것이다. 화면의 특성상 한 사람의 에너지는 바로 눈에서부터 쏟아져 나온다는 사실을 잊어서는 안 된다. 그러니 눈을 함부로 깜박거릴 수가 없다.

눈을 굴리지 말고
몸을 돌려야 한다

　눈에 관한 아주 사소하지만 중요한 당부를 하나 더 하고 넘어가야겠다. 눈은 정말 많은 것을 담고 있다. 그래서 편안한 방송을 원한다면 내 눈에 힘을 빼고 편안하게 사람들을 쳐다보아야 할 것이다. 또한 상대의 이야기를 듣고 감정이 드러나는 곳도 제일 먼저 눈이 되어야 할 것이다. '시선'이라는 것은 참으로 중요하다. 진행자의 시선은 시청자에게 참으로 중요하다. 진행자의 시선을 따라 카메라가 따라가면 시청자들의 시선도 따라오게 마련이다. 진행자는 말만큼이나 시선으로 많은 이야기를 전하고 있다.

　앞서 카메라 공포증을 없애는 방법의 하나로 제시했던, 카메라를 잊으라는 충고는 시선 처리를 하는 데 있어서도 유용한 방법이다. 현장에서 중요한 일에 몰두한 채로 의미 있는 곳에만 시선을 준다면 보는 사람들도 내용으로 좀 더 편하게, 자연스럽게 몰두하게 될 것이다. 그러나 진행자의 시선이 의미 없이 자꾸 분산되고 흩어진다면 보는 사람들도 산만해질 것이다. 우리가 누군가와 중요한 대화를 할 때 말하는 사람이 자꾸 여기저기 눈을 돌린다면 이야기가 잘 들리지 않는 것과 유사하다. 이렇게 시선 처리는 매우 중요하다.

여기서 꼭 명심해야 할 시선 처리 하나를 더 짚어보자. 이것은 아나운서실 신입사원 교육에서 반드시 언급하는 내용이다. 바로 '어딘가를 보기 위해 눈을 굴리지 말고 몸 전체를 돌려라'이다. 이 말은 진행자의 눈동자가 실제와는 달리 화면에서는 더 과장되게 보이기 때문에 시선을 그냥 옆으로 돌리지 말라는 뜻이다. 그렇다고 시선을 안 줄 수는 없으니, 몸 전체를 돌려 시선을 주라는 말이다. 이것은 방송을 하는 사람들에게는 참으로 중요한 것이고, 많은 방송인이 몸에 배도록 노력하는 것 중 하나다. 몸을 움직임으로써 눈이 매섭거나 째려보는 것처럼 보이는 것을 방지하기 위함이다. 모든 방송인이 주의하는 시선 처리 중 하나다.

화면 속의 자연스러움 :
습관 고치기

재능은 오랜 인내로 생겨나고 창의성은 강한 의지와 충실한 관찰을
통한 노력으로 생긴다.　　　　　　　－ 플로베르, 《반 고흐, 영원의 편지》 中

텔레비전 매체는 확실히 고려할 변수가 많다. 평생을 지녀온 다
양한 버릇과 습관 하나가 화면을 통해 어떻게 보여지게 될지 모른
다. 20여 년 방송을 하면서 느끼는 것은 언어 못지않게 비언어적
커뮤니케이션이 중요하다는 사실이다.

이 사실은 이미 커뮤니케이션 학자들이 수도 없이 언급한 내용
이다. 앨버트 메라비언은 메시지 전달에 있어 언어가 미치는 영향
력은 단지 7%에 불과하다고 말한다. 38%는 음성이 영향을 미치
고, 대부분인 55%는 신체의 움직임이라고 지적한다. 그래서 앞

서 손과 눈 같은 신체의 움직임에 대해 언급한 것이다. 메라비언은 신체의 움직임이 이렇게 중요한 이유는 바로 사람들이 언어로 표현되는 내용보다 신체의 움직임을 통한 느낌을 더 믿기 때문이라고 말한다.

또 하나, 커뮤니케이션 학자들은 사람의 신체 움직임은 우리의 사고보다 먼저 자연스럽게 반응하는 것이기에 제어하기가 어렵다고 지적하고 있다. 어차피 생각을 통해 통제가 어렵다면 포기하라는 말인가. 물론 모든 신체의 움직임을 다 고칠 수는 없다. 이런 생각을 한다는 것 자체가 말도 안 되는 얘기다. 그러나 필자는 이렇게 생각했다.

'나쁜 습관이나 버릇을 이 기회에 고쳐버리면 좋지 않을까? 지금까지 습관이 든 시간만큼 고치는 시간이 걸리지 않을까?'

여유 있는 마음으로 한번 시도해 보고자 했다.

앞서도 말했듯이 나는 눈을 깜박이는 습관이 있었다. 어느 날 내 프로그램을 모니터하다가 이 사실과 대면했다. 이뿐이 아니었다. 구부정하게 앉은 자세까지. 어디 이것뿐이겠는가. 내 화면을 모니터하는 날이면 기분이 안 좋았다. 이 모든 문제를 어찌 동시에 다 해결할 수 있을까… 가슴이 답답하기만 했다. 하나를 신경 쓰면 또 다른 나쁜 습관이 두드러졌다. 동시에 수많은 습관들을 생각하며 프로그램을 진행할 수는 없었다.

　고민을 거듭하다가 생각해 낸 것이 '한 번에 하나씩 천천히 고쳐보자'는 것이었다. 조급하게 생각하지 말고. 그래서 다른 것들이 거슬리더라도 무시하고 하나에만 집중했다.

　먼저 눈 깜박임을 줄여보자고 생각했다. 방송에서만 하는 것은 한계가 있다는 생각이 들었다. 일상을 바꿔야, 평소 생활을 바꿔야, 내 삶을 바꿔야 어느 순간에도 그것을 견지할 수 있을 것이라는 생각이 들었다. 누구와 이야기를 나누더라도 눈을 깜박거리지 않으면서 이야기했다. 처음에는 눈이 아프고 눈물이 금방 쏟아질 것 같았다. 그렇게 눈을 부라리고 있으니 가장 가까이에서 보는 친구들과 남편은 왜 이리 표정이 부담스럽냐며 좀 편한 표정으로 이야기하라고 계속 불편해한다. 그렇다고 여기서 접을 수는 없지 않은가. 과연 습관을 고치는 것이 가능한지 검증해 보고 싶었고, 왠지 가능할 것만 같았다.

　이렇게 의식을 하고 이야기한 지 한두 달이 지나자 눈 깜박임이 방송에서 차차 줄어드는 게 느껴졌다. 신기했다. 힘들고 시간이 걸리긴 하지만, 변화되었다. 여기에 자신감을 얻어 다른 습관, 버릇들을 하나씩 고쳐나가고자 노력했다.

　방송 20년이 된 지금 이 순간도 내 방송을 모니터할 때면 나는 신입사원의 마음이 된다. 부끄럽고, 더 잘하고 싶고, 고쳐야 될 것 같고…. 그래서 태연히 내 방송을 지켜보며 흡족한 마음이 되지 못한다. 오늘도 내 방송을 모니터하고 있자니 참으로 바꾸고 싶은 게 많다.

필자는 아나운서가 되면서 스스로에게 물었다. '어떤 방송을 하고 싶니?'라고. 그때부터 지금까지 '자연스런 방송', 즉 '내 자신과 하나도 다르지 않은 방송', '내 삶이 있는 그대로 묻어나는 방송'을 하고 싶다.

그러나 '화면 속의 자연스러움'은 실제와는 분명히 다르다. 의자에 앉는 자세 하나만 봐도 보기에 좋고 편해 보이는 자세가 진행하는 사람에게도 편한 것은 아니다. 보는 사람의 입장에서 냉정히 생각해 보면 진행자는 다소의 불편함도 감수해야 하는지도 모른다. 화면 속의 자연스러움을 구현하기 위해 진행자는 자신의 작은 버릇을 고쳐야 할 수도 있고, 습관을 고쳐야 할 수도 있고, 삶을 바꿔야 할 수도 있다. 더 편하고 더 실제적인 방송을 위해서.

방송을 위해 나를 바꾸려고 하다 보니, 더 나은 인간으로 가고 있는 내 자신을 발견하게 된다. 방송이 나를 만들어가고 있다.

Step 20

자신의 장단점을 제대로 파악하라

    방송을 준비하고, 공부하는 과정은 한마디로 '내 자신을 알아가는 과정'이다. 우리는 살면서 내 자신을 너무나도 잘 안다고 생각한다. 그러나 실상은 그렇지 않다. 내가 원하는 것도 제대로 간파하지 못하고 사는 경우가 많은데, 자신의 행동이며, 말투, 습관, 표정 등을 어찌 다 알겠는가. 늘 자신의 생각 속에 빠져 살면서도 왜 모른다는 말인가? 진정한 자신과 대면하는 일은 그리 쉬운 일이 아니다. 내가 가진 장점만이 아니라 단점까지 바라봐야 한다는 건 어쩌면 용기를 필요로 하는 일일지도 모른다.

    필자 또한 부족한 부분과 대면하게 될 때 잠을 제대로 이루지 못한 적도 많았고 이 직업을 그만두어야 하나 하는 의문에 휩싸이기도 했다. 학생들과 멘토링을 하면서도 이 부분에 직면할 때 학생들이 아파하는 모습을 지켜봐야 하는 괴로움이 내게 있다. 게다가 이 현실을 내 입으로 말해야 할 때도 있고. 그럴 때마다 나는 학생들에게 이런 말을 해준다.

"자신의 단점과 마주하는 것은 힘든 일이지. 그러나 이렇게 생각해 보면 어떨까. 주사를 한 대 맞는 거라고. 진실은 이렇게 약간 아픈 것이거든. 나도 많이 아팠고, 여러분들도 아마도 아플 거고. 하지만 외면하거나 무시해서는 문제를 해결할 수 없잖아. 잠깐 아프자. 아픈 만큼 성장하는 자신을 보게 될 테니까."

사람에 따라 많이 아플 수도, 적게 아플 수도 있다는 것을 안다. 멘티들은 이런 내 모습을 보고 매우 단단하고 강한 사람이라고 생각하겠지만, 나도 많이 아파하고 헤매던 때가 있었다. 단지 내가 이미 거쳐온 길이기에 그들이 더 나은 사람으로, 더 나은 방송인이 될 수 있도록 도와줄 수 있을 뿐이다.

이제부터 내 자신을 정면에서 바라보자. 그리고 내 자신의 있는 모습 그대로를 사랑하자. 이것은 단지 방송인을 위한 길만이 아니다. 인생과 대면하는 길이자, 인생을 살아가는 방식의 하나를 배우는 것이다. 쉽게 넘어가는 길은 없다. 대충 대박 나는 길은 없다. 남의 눈을 속이고, 내 자신을 속이고 이루는 일은 없다. 힘들지만 정면으로 마주하는 길이 지름길이다. 이 직업으로 20여 년을 살아오면서 얻어낸 소중한 인생의 교훈이다.

장점은 단점을 보완하려다 만들어진
동전의 뒷면

　많은 사람들이 '장점과 단점은 동전의 앞면과 뒤면'이라고 이야기한다. 20여 년간 방송 일을 하면서 이 말을 늘 체감했다.

　앞서도 언급한 적이 있지만 필자는 암기에 대한 두려움이 있었다. 잘 외우거나 쉽게 외우지를 못하니 다른 사람보다 프로그램 전체의 구성을 이해하려고 노력해 왔다. 여기서 나아가 대본의 내용을 암기하기보다는 사람들이 나누는 이야기에 자연스레 집중했고, 그에 따른 생생한 대화가 이루어지기도 했다. 그 결과 20여 년이 지난 지금 필자의 장점은 대본을 벗어날 수밖에 없는 프로그램들을 진행하면서 더 길러졌다.

　솔직히 말해서, 대본을 쉽게 잘 외울 수 있었다면 필자가 과연 이런 노력을 기울였을까? 그렇지 않았을 것이다. 그럴 필요가 없지 않은가. 그래서 방송 초기 수많은 장점을 가진 아나운서들이 그 자리에서 멈추는 것을 본 적이 있다. 도리어 방송에 어려움을 겪으리라 생각했던 아나운서들이 시간이 갈수록 발전해서 훌륭한 진행자로 서는 것을 확인하기도 한다. 그렇다면 지금 이 순간 내가 가진 단점이 과연 단점이라고 할 수 있는가? 이것을 어떻게 대하느냐에 따라 결국은 그 단점을 자신의 최대의 장점으로 만들 수도 있는 것이다.

이제는 내 자신을 마주하는 게 두렵지 않다. 부족하고 작아 보이는 부분이 사실 나의 노력 여하에 따라 가장 훌륭하게 우뚝 설 부분이 될 수 있다는 사실을 여러 번 체험했기 때문이다. 이게 어디 방송 분야에만 해당되는 말일까? 개인적인 고통과 아픔을 승화하여 아름다운 문학으로 만들어내는 수많은 사람들이 있지 않은가. 부족함과 시련이 인간에게 얼마나 소중한 자극제인지를 깨닫게 하는 대목이다. 단점을 단점에 머물게 하지 말고, 장점으로 변화시켜 보자.

나만의 좌표 :
차이에 주목하라

누구나 한길을 계속해서 가다 보면 그 길을 왜 가야 하는지, 그 길이 정말 내 길인지를 고민하는 결정적인 순간critical moment을 한 번은 맞닥뜨리게 마련이다.

내게도 그런 순간이 있었다. '나는 무슨 방송을 하려 하는지, 무엇을 향해 어떻게 가려 하는지'를 고민하고 방황하던 시절. 나의 방송에서 가장 잊을 수 없는 순간이자 지금의 나를 만들어준 문제의 순간. 그 순간의 이야기를 잠시 해보자.

그날도 나는 야외 촬영이 끝나고 늦은 시간 텅 빈 사무실로 돌아왔다. 마음이 무거운 만큼 내 발걸음도 터덜터덜 한없이 무거웠다. 가방을 짊어지고 가는 품이 흡사 고난의 길을 가는 수행자와 같았는지도 모르겠다. 속으로 이런 생각이 가득했다.

'나의 미래는 무엇일까? 나의 청춘이 이렇게 삶과 방송의 의미를 찾지 못한 채 손바닥 위의 모래알처럼 허무하게 사라져버려도 되는 것인가? 나는 앞으로 무엇을 할 수 있을까? 방송인이란 무엇일까?'

당시 나는 6년에 가까운 생활을 리포터로 현장을 헤매고 다니던 중이었다. 그것도 아나운서들에게 인기 있는 장르인 뉴스도, 스튜디오 프로그램도 아니었다. 아나운서들이 거의 들어오지 않던 다큐멘터리 분야의 리포터였던 것이다. 차츰 프로그램에서 인지도를 쌓아가는 중이었지만, 내게는 불확실한 미래 앞에서 방향을 잡지 못하던 순간이었다.

촬영 후 짐들을 책상 위에 정리하고 돌아서서 나오는 길목에서 동기 프로듀서 한 명을 만났다. 그의 눈에 내가 안되어 보였던지 자판기 커피 한 잔과 함께 위로의 말을 건넸다.

"뭐 힘든 일 있니?"

나는 아니라며 그냥 고민이 좀 있다고, 어떤 아나운서가 되어야 하는지 머릿속이 좀 복잡하다고 조용히 읊조렸다. 그러자 그가 흰 종이 한 장을 꺼내들더니 몇 개의 점을 찍었다. 당시에 유명한 진행자들의 이름을 거명하며, 이 사람은 다소 차가우면서도 도시적인 이미지, 또 다른 이 사람은 따뜻하면서도 서민적인 이미지…

이런 식으로 사람들을 흰 종이 위에 그려나갔다. 그리고 내게 물었다.

"너는 여기서 어디에 위치하게 될까?"

나는 말을 못 했다. 이런 생각을 해본 적이 없었기 때문이다. 한참을 기다리던 동기는 이렇게 말을 이어갔다.

"2인자가 되는 건 의미 없어. 똑같은 이미지는 더 이상 필요하지 않지. 다르다는 게 중요해. 달라야 기회가 오지. 네가 이 흰 종이 위에 어디에 위치하려고 하는지 생각해 봐. 많은 사람이 가지 않은 길이라야 너만의 길이 될 수 있어."

나는 가슴이 먹먹했다. 드디어 진정한 답을 찾은 느낌이 들었기 때문이다.

그날 이후로 나는 나 자신을 찾아가는 데 더 많은 시간을 들였다. 그리고 내가 남과 달리 할 수 있는 분야가 무엇인지, 무엇을 진정 사랑하는지, 나의 장점과 단점은 무엇인지 연구에 들어갔다. 바로 그 순간 이후 거듭했던 고민의 시간이 있었기에 이제는 더 이상 흔들리지 않는다. 내가 가야 할 길과 내게 주어진 길을 잘 알고 있기 때문이다.

디퍼런트 :
차별화

뉴욕에서 2년간의 휴식기를 가지던 무렵 만난 책 중 하나가 하버드 대학 문영미 교수가 쓴 《Different》였다. 긴 방송 생활 동안 하나의 화두였던 'Different'라는 단어를 미국에서 만나니 참으로 반가웠다. 책을 마구 뒤적였다. 무슨 내용을 적어놓았나 궁금했다.

저자는 제품 간의 경쟁이 치열해지면서 점점 더 다양한 물건이 나오는 듯 보이지만, 실상은 제품 간의 차이는 점점 줄어들고 있다고 했다. 시장이 이렇다 보니, 비즈니스 세계에서는 "차별화하거나, 아니면 죽거나"라는 격언이 유행할 정도다. 방송인들도 마찬가지가 아닌가 싶다. 다들 비슷비슷해 보이고 여기서 벗어나고자, 튀어보고자 노력하는 모습들이 말이다. 진정한 차별화를 위해 방송의 세계에서 고려해 봄 직한 전략들을 아래에 적어본다.

차별화는 전술이 아니라 새로운 생각의 틀이다

흔히 '차별화'라는 말을 듣자마자 제일 먼저 남이 하는 외양과 다르게 시도해 봐야겠다고 생각했는지도 모른다. 그러나 '진정한 차별화'는 이렇게 쉬운 일이 아니다.

《Different》에서 저자는 자신의 고등학교 시절 이야기를 예로 들어 '차별화'란 무엇인가 생각해 보도록 하고 있다. 저자가 다니던 학교의 한 선생님은 "하루 동안 반항아로 살아보자"는 아주 특별한 제안을 학생들에게 했다고 한다. 그 제안이 실천에 옮겨지는 날, 아이들은 잠옷에 티셔츠 차림 같은 대부분 우스꽝스러운 옷차림을 하고 나타났다. 간혹 머리 모양이나 화장을 특이하게 하거나, 장신구를 남달리 하고 나타나는 학생들도 있었다. 흔히 상상할 수 있듯이 모두 지나치게 외모에만 신경을 쓰고 나타난 것이다. 그러나 예외가 한 명 있었다. 그 학생은 평소와 똑같은 차림으로 학교에 와서, 평소와 똑같이 선생님에게 질문하고 대답을 했다. 다른 점이라고는 선생님에게 불필요할 정도로 극존칭을 쓰는 것이었다. 처음에는 다른 학생들이 모두 킥킥거리며 비웃었다. 그러나 시간이 가면 갈수록 이 같은 비웃음 소리는 잦아들었다. 뭔가 차원이 다른 행동이라는 생각이 든 것이다. 즉흥적으로 꾸미고 나타난 대부분의 학생과는 달리 그는 자신이 결심한 바를 끝까지 행동에 옮겼다. 대부분의 아이들이 보여준 별로 의미 없는 차별화와는 달리 그는 의미를 지니고 있는 차별화를 시도한 것이다. 분명 그는 이 행동을 통해 아이들에게 전하고 싶은 메시지가 있었던 것이다. 그 메시지가 무엇이든 간에 그는 의미 있는 차별화를 보여줬고, 나머지 학생들은 그를 예전과는 다르게 보게 되었다.

'차별화'는 단순하고 일회적인 변신을 의미하는 것이 아니다. 자극적이고 엉뚱하기만 한 무의미한 행동이 아니다. 그래서 '전술이 아니라 새로운 생각의 틀'이라고 저자는 지적하고 있다.

우리가 방송에서 시도해야 하는 차별화도 바로 이런 것이 아닐까. 방송은 일회성의 퍼포먼스가 아니다. 긴 시간, 꾸준히 지켜보는 것이다. 그러기에 기존 방송과 다른 새로운 생각의 틀을 갖지 않는 한 상투적이고, 별 의미 없는 차이만이 존재하는 것이다. 생각의 틀이 다르면, 처음에는 그 사람의 행동에서 그리 대단한 차별점을 발견하지 못할지도 모른다. 그러나 시간이 지날수록 그 차이가 확연해지게 되고, 다른 사람들은 도저히 그 사람을 따라올 수 없게 된다. 이 말은 방송을 어떻게 볼 것인가, 그 안에서 진행자란 무엇인가, 진행자의 한마디 말이 어떠해야 하는가라는 좀 더 근원적이고 고차원적인 부분에 대한 생각이 정리되어야 남과 다른 방송을 할 수 있다는 말이 아니겠는가. 진정한 의미의 '차별화', 정말 쉽게 생각할 일이 아니다. 남과 다르게 생각하는 큰 틀을 가져보자.

차별화는 내면이 자연스럽게 흘러가도록 내버려두는 것이다

사람은 누구나 남과 다른 면을 갖게 마련이다. 그 쓰임도 저마

다 다르게 마련이다. 그러나 이 사회의 기준에 맞추려 하다 보면 어느덧 비슷비슷한 삶을 살아가고 있는 자신을 보게 된다. 누구나 원하는 집에, 누구나 원하는 직업에, 누구나 원하는 차에… 비슷한 것을 갖고자 서로 치열한 경쟁을 하고 있다. 이 모든 것이 정말 자신이 원하는 것인가? 한번 스스로에게 진정으로 물어볼 필요가 있다.

멘토링을 하다 보면 간혹 아나운서의 꿈도 본인이 지속적으로 꾸어온 꿈이 아닌 경우가 있다. 자신이 정말 바라는 꿈은 '절실함'이 묻어나게 마련이고, 가슴이 뛰는 것이 감지되는 게 정상이다. 이런 모습을 보이지도 않으면서 꿈은 아나운서라고 말한다. 참으로 걱정스러운 일이다.

아나운서라는 직업이 대단해서 그러는 게 아니다. 도리어 뒤늦게 그 학생에게 가슴 뛰는 일이 나타나면 어떡하나 싶어 한 번 더 자신을 들여다보라고 권한다. 분명히 작게라도 가슴 뛰는 일이 있을 텐데 싶어서다. 사실 사람들을 자연스럽게 내버려두면, 내면이 이끄는 방향대로 가게 되어 있다. 그러면 자연스레 원하는 길을 찾아갈 수 있을 것이다. 우리의 내면, 직관은 항상 솔직하게 이야기한다. 그러나 직관의 소리에 귀 기울이지 않는 사람은 자신이 원하는 방향이 아닌 다른 길을 가게 되는 것이다.

자신이 가야 할 '차별화'의 길이 인위적이고, 만들어진 것이라면 끝까지 견지하기가 어렵다. 일시적으로 그에 맞는 역할을 수행하는 것뿐이다. 그러나 '자신의 내면이 원하는 방향대로' 가게 되면 긴 시간, 남다른 그 길을 갈 수 있다. 자연스럽게 흘러가도록 내버려두어 보자. 물론 쉬운 길은 아니겠지만 나만의 길, 나만의 인생을 살 수 있는 방법이다.

아나운서는 타인을 보여주기도 하고, 그 안에서 자신을 드러내기도 하는 직업이다. 한 사람, 한 사람의 아나운서를 대하다 보면 저마다 다른 개성과 관심사를 가지고 있다는 생각이 든다. 이런 차이를 어떻게 보여줄 것인가가 남아 있는 숙제일 것이다. 자신의 내면이 원하는 방향대로 관심사를 이끌어가다 보면, 자신만의 길을 가게 될 것이라고 필자는 후배들에게도 늘 이야기한다.

필자는 어린 시절부터 '호불호'가 명확한 성격이었다. 정말 좋아하는 일은 밥을 안 먹어도, 잠을 자지 않아도 해야 하고, 싫어하는 일은 한두 번은 어쩔 수 없이 해도 그 이상은 견딜 수가 없는 성격이었다. 이렇듯 내면의 소리가 큰 탓에 늘 하고 싶은 것만을 하면서 철없이 세월을 보내고 있는지도 모르겠다. 20대 후반에는 여성으로 산다는 것에 대한 고민으로 여성 문제와 여성 소설에 천착했다. 30대에는 소설에 풍덩 빠져 이리저리 옮겨 적고 하다가 글을 써보고 싶다는 꿈을 가지게 되었고 마침내 마흔이 될 무렵

한 권의 책을 썼다. 30대 10년의 세월 동안 나를 바꾼 책을 사랑하게 되어 그 후로 '책'에 관한 일이라면 돈도, 시간도 그리 따져본 적이 없이 지내왔다. 어느덧 40대 중반을 넘어가면서도 식지 않는 사랑을 느낀다. 아직도 멀었다는 생각이 든다. 더 읽을 책들이 있고, 더 쓰고 싶은 글들이 있고, 더 알고 싶은 분야가 있다. 그뿐만 아니라 더 많은 사람과 책으로 소통하고 싶고, 서로 성장하고, 많은 것을 느끼고 싶다. 여성과 책, 방송인으로서 내면의 힘에 이끌려 잡고 온 화두다. 이것이 바로 자연스레 나의 내면이 가져다준 차별점이다.

차별화를 구체화하자 : 포지셔닝 맵

앞서 필자가 겪었던 고민의 순간을 말했다. 미래가 보이지 않던, 방향을 가지지 못했던 그 결정적 순간을 말이다. 그때 나를 찾기 위한 하얀 종이 위에 그려진 점 하나로부터 희망을 찾기 시작했다. 그 점은 마치 바다 위의 등대 같은 역할을 해줬다.

어느 분야에 있든, 무슨 일을 하든 자신이 가야 할 방향을 안다는 것은 중요하다. 이것은 우선 자신에 대한 면밀한 관찰에서부터 시작한다. 내 자신의 장단점을 정확하고 냉정하게 점검하고, 자신의 소명을 들여다봐야 한다. 내가 진정 잘할 수 있는 것이 무엇인지 내면의 소리에 귀 기울여야 그 소명을 알 수 있다. 의지만으로 되는 것도 아니요, 노력만으로 이루어지는 것도 아니다.

내가 왜 역사 다큐멘터리 프로그램의 리포터로 처음 이름을 얻게 되었을지 생각했다. 다른 아나운서들에 비해 다소 차갑고, 지적이며, 점잖은 느낌이 있어서라는 데 생각이 미쳤다. 귀엽고, 예쁘고, 화려하고, 아름다운 이미지가 아니라는 사실이 다소 받아들이기 힘들었고, 과연 어떤 프로그램을 앞으로 할 수 있을까 하는 걱정도 있었지만 이 자체가 현실이 아닌가.

나는 문영미 교수가 책에서 보여준 '포지셔닝 맵'을 생각하고 있었다. '차가움–따스함'의 한 축과 '가벼움–무거움'의 또 다른 한 축이 있는 그림을 그렸다. 그 속에서 나의 위치를 그려보았다. 그 후로는 내가 확인했던 바로 그 느낌의 프로그램들을 실제로 많이 진행했다.

포지셔닝 맵을 그려본 지 십수 년이 지난 지금 한 가지를 더 덧붙이고 싶다. 그 후로 나는 조금씩 다른 모습이 내 안에 있다는 걸 알았다. 사람에 관심이 많다는 것, 사람들의 마음을 쉽게 열 수 있다는 것, 상대의 감정이 내게 잘 전달된다는 것, 강해 보이는 겉모습과 달리 그 안에 여린 면이 있다는 사실이었다. 이런 것들이 방송을 통해 조금씩 보여지면서 나라는 위치는 서서히 움직이고 있었다. 나의 변화를 통해 미루어보자면, 위치는 완전히 고정된 하나의 점이 아니라는 것을, 방송인도 인간이기에 변화할 수 있다는 것을 자연스레 받아들일 수 있어야 할 것 같다. 앞으로 내가 또 어떤 다른 모습으로 변화할지는 아무도 모르는 일이다.

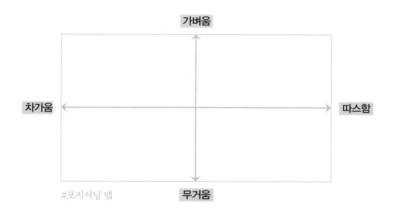

#포지셔닝 맵

이런 경험으로 인해 처음 방송에 입문한 신입사원들에게는 앞서 말한 '포지셔닝 맵'을 한번 그려보라고 한다. 그리고 내 머릿속으로 그들을 하나의 점으로 인식해 본다. 그들에게 잘 어울릴 만한 프로그램은 무엇일까? 차가운 도시 이미지라면 뉴스나 시사 프로그램에 어울릴 가능성이 높으니, 오디오를 확실하게 잡아줄 필요가 있다. 방송을 준비하는 친구들에게도 어울릴 만한 분야와 본인의 취향이 일치하는지를 확인해 본다. 그래서 이 분야 일을 하게 될 때 혼란을 조금이라도 줄여주려 하는 것이다. 방송이 내 길이 아니더라도 자신만의 차별점을 구체화하는 데는 도움이 되리라 생각한다.

일이란 무엇일까? 일이 정용실이라는 한 인간의 궁극적인 목표인가? 나는 이렇게 생각한다. 아나운서라는 일을 통해 한 인간으로서 정용실은 성장하는 거라고. 일을 잘해보고자 내 자신에 대해 공부하게 되었고, 이 사회에서의 쓰임을 생각하게 되었다고. 이 세상 모든 사람에게는 자신의 역할과 해야 할 일이 정해져 있다는 생각이 든다. 그래서 이 세상 사람들 하나하나가 특별하고 소중한 것 아닐까. 멘티들과 내가 만나는 것은 '일' 때문이지만 결국은 한 '인간'으로서 살아가는 길을 같이 고민하고 생각하는 게 아닌가 싶다. 그들의 고민 속에서 늘 내 모습이 보인다.

혼자만의 길을 가는 것을
두려워하지 마라

필자는 〈역사 추리〉라는 다큐멘터리 프로그램의 리포터로 방송을 시작한 셈이다. 이 프로그램으로 대중과 처음 만나고 기억되기 시작했다. 그 당시 정규 프로그램이 없던 '역사'라는 낯선 분야,

아나운서들이 제작에 참여한 적이 없는 '다큐멘터리'라는 장르에서 처음 내 자리를 가지게 되었다. 조금씩 시청률이 오르고 인지도가 생기는 데도 불구하고 처음에는 왠지 모를 불안감이 있었다. 그 불안감의 근원은 남이 가지 않은 길을 가고 있기 때문이었다. 그동안 '경쟁'이란 것을 항상 남과 같이 있으면서 했지 그렇게 외로이 혼자 동떨어져 해본 적이 없어서였을까. 혼자 그 길을 간다는 두려움이 깔려 있었다.

시간이 가면서 '역사'가 세상을 바라보는 데 있어 얼마나 중요한지, 특히 공영방송에서 마땅히 다루어야 할 내용임을 알았다. 그 프로그램에서 작은 역할을 해내고 있다는 것이 자랑스러웠다. 촬영을 자주 나가는 서울대 규장각에서는 학예사 선생님들과 친분이 생겨 촬영 전 그분들과 차 한잔 나누는 시간을 가지며 역사에 대한 이 얘기, 저 얘기를 듣는 기회도 가졌다. 이렇게 한 분야에서 열심히 공부를 하는 분들 앞에서 짧은 안목과 정보로 프로그램을 해내고 있다는 게 부끄럽고 창피하기도 했다. 그래서 촬영이 잡히지 않은 날이면 회사 도서관에 내려가 역사 관련 잡지인 〈역사 연구〉를 무작정 뒤적였다. 신기하게도 촬영을 나갔던 분야는 정말 술술 익혔다.

그렇게 6년에 가까운 세월 동안 한 프로그램을 하게 되었다. 개인적으로는 정말 행복한 시간이었다. 대학 입시에서 역사를 부전

공으로 조용히 적었던 기억이 있고, 고등학교 시절 가장 좋아하던 과목이 바로 '역사'였다. 이 프로그램에서 이런 시간을 보내게 된 것이 그저 우연은 아닐 것이라는 생각이 들었다. 필자가 다큐멘터리의 리포터로 자리를 잡는 동안 유사 다큐멘터리 장르에 아나운서 리포터가 많이 투입되었다. 이 프로그램에 대한 '개인적인 재미'와, 같은 분야에서 일하는 동료들 덕분에 즐겁게 6년이란 시간을 보낼 수 있었던 것 같다.

시간이 지나고 보니, 이것이 요즘 다들 말하듯이 '블루오션_{김위찬 교수의 저서명}'이 아닌가 싶다. 책으로 읽거나 이성적으로 생각할 때는 당연하고 쉬운 듯하지만, 실제 블루오션을 선택하고, 그 길을 꾸준히 가려면 '혼자'라는 걸 두려워하지 않고 '자신만의 길'이 있다고 믿으며 당당하고 즐겁게 가야 한다. 물론 이것이 어찌 처음부터 가능하겠는가. 단지 주어진 길이 외로울지라도 그 길에 핀 작은 꽃 하나, 새소리 하나를 놓치지 않고 즐기면서 간다면 너끈히 견딜 수 있다.

필자의 경우는 추운 겨울 규장각 학예사 선생님들이 권하는 따스한 차 한잔에 담긴 포근한 마음 한 조각, 지방의 작은 도시에서 살아오면서도 조선 후기 화차를 만든 장인의 후손으로서 지니셨던 올곧은 자부심 한 조각에서 이 프로그램을 하는 기쁨과 의미를 찾았다. 그렇게 긴 시간을 훌쩍 지나 보냈다.

　방송을 하면서 깨달은 한 가지는, 내게 다가오는 이 순간이 하나도 의미 없는 순간이 없다는 것. 단지 내가 그 의미를 깨닫지 못할 뿐이라는 사실을 어느 순간 알게 되었다. 나는 내가 가야 할 길이 얼마나 먼지. 얼마나 험한지 따위에는 관심이 없다. 다만 지금이 순간에 최선을 다하면서 즐길 뿐이다. 이것이 남과 다른 길을 갈 수 있는 최고의 비법이라는 것을 길을 다 지난 후에야 더불어 깨닫게 되었다.

남과 다른 나만의
재능을 발견하라

　사람은 누구나 자신의 재능을 다 알지 못한다. 자기 자신을 가장 잘 안다고 생각하지만, 실상은 그렇지 않다. 나도 그랬다. 역사 프로그램을 할 때는 연기와 대본을 표현하는 데 역할이 한정되어 있어서 그게 다인 줄 알다가, 〈무엇이든 물어보세요〉 같은 정보 프로그램을 하면서는 여성으로서 음식에 대한 관심이 있고 좋아한다는 사실을 스스로 알게 되었다. 또 여성 토크 프로그램을 하면서는 내가 남의 이야기 듣기를 얼마나 좋아하는지, 그리고 그들이 느끼는 것을 내가 쉽게 공감하고 같이하고 싶어 한다는 사실을 알았다. 〈한국 한국인〉이라는 인터뷰 프로그램을 하면서는 인터뷰이interviewee에게 어떻게 진실하게 해야 그들이 마음을 열어주는지를 배웠고, 내가 사람에 대한 호기심이 얼마나 많은지도 깨닫게 되었다.

이전에는 한 번도 상상해 보지 못한 사실이다. 방송 때문에 내가 가진 걸 다 꺼내놓기 전에는 상상도 못 한 일이다. 만약 방송의 길을 선택하지 않았다면 내게 이런 재능이 있다는 사실조차 모르고 생을 마쳤을지도 모르는 일 아니겠는가. 그래서 방송인들은 자신을 너무 한정 짓거나 지나치게 한 가지로 규정하면 안 된다. 항상 열어놓아야 한다. 내부와 외부의 경계인 문이 되어야 한다. '나'라는 자아와 '타인' 사이의 경계로 자신을 내던져야 한다. 그래야 새로운 자신을 발견하게 된다. 내 안에 있는 무수한 '타인'들과 만나게 된다. 그래야 나에게 주어진 재능을 하나씩 발견하게 된다. 스스로도 놀라게 될 것이다.

나는 방송하는 내내 다음과 같은 생각을 떨칠 수가 없었다.

'방송에 출연하는 사람이나 나 자신 모두가 오늘 어떻게 만나느냐에 따라 우리는 전과 다른 모습을 보여주게 될 것이다.'

이런 느낌을 받는 날이면 그날의 만남을 나는 잊을 수가 없다.

Step 22

아나운서 서열이 아닌 나만의 좌표 찾기

매일 인터넷 검색 순위를 보며 일희일비하는 후배들의 모습에서 과거 내 모습이 스쳐간다. 사람들이 얼마나 많이 알아봐주는 가를 그렇게 신경 썼던 한때를…. 남들의 반응에 의존하던 시절은 늘 기분이 오르락내리락했다. 반응이 좋은 날에는 세상을 다 얻은 것 같았고, 그렇지 않은 날은 세상 끝에 내쳐진 듯 우울해했다.

그러던 어느 날, 내가 이런 상황 속에서도 왜 방송을 해야 하는지, 무엇을 향해 내달려야 하는지를 알고 싶었고, 그 길을 찾아 헤맸다. 인기란 무엇인가? 아나운서는 오직 인기로만 인정받는 것인가? 아나운서로서 나는 다른 사람과 달리 무엇을 할 수 있을까? 아나운서가 아니라면 인간 정용실은 과연 무엇을 사랑하고, 무엇을 할 수 있을까? 나는 그 답을 찾아 헤매고 있던 중이었다.

인터넷 검색 순위,
인기의 의미

그날은 바로 〈주부, 세상을 말하자〉라는 여성 토크 프로그램을 진행하는 날이었다. 일주일에 한 번 있는 명사 인터뷰. 여기서 만난 분들과 나눈 이야기들은 마흔을 훌쩍 넘긴 이 순간에도 잊히지 않고 가슴속 깊이 아로새겨져 있는 것들이 많다. 그 가운데서도 '하숙생'이란 노래로 젊은 시절 많은 사람들의 사랑을 받았던 가수 최희준 씨의 인터뷰가 아직도 생생하다. 그에게 나는 이런 질문을 했다.

"인기란 뭘까요?"

그는 이렇게 대답했다.

"글쎄요. 마치 구름 같은 게 아닐까요. 올라가 있으면 정말 기분이 좋죠. 영원히 내려오고 싶지 않죠. 그러나 내려오게 되면 얼마나 허무한지…. 나를 그렇게 사랑해주신 것에는 감사하지만, 인기라는 것에 연연하면 사람들에게 배신당한 것처럼 그런 섭섭함이 들지요."

그날 나는 그분의 진심 어린 표정에서 허허로움 같은 것을 들여다보았다. 인기를 받는 직업을 가진다는 것은 정말 감사할 따름이다. 하지만 구름처럼 나타났다 흘러가기도, 사라지기도 하는 '인기'에 인생을 걸고, 자존심을 걸 수는 없지 않은가. 최희준 씨와의 인터뷰가 끝나고 마음이 착잡했다.

그날 이후 나는 달리 생각하기로 했다. 앞으로도 길게 남아 있는 방송 생활을 전과는 다르게 하고 싶었다. 시청자에게 사랑받는 자리임을 부정하지는 않겠다. 그리고 그 사랑을 단지 받기만 하지는 않겠다. 기회가 닿는다면 만나러 다니겠다. 내가 그동안 방송에서 배운 것, 얻은 것, 느낀 것을 나눌 수 있다면 말이다. 사랑은 받기만 할 때보다는 줄 때 더 행복하다. 그리고 한 가지 명심하기로 했다. '모든 일은 다 지나간다'는 것을. 이렇게 생각하고 나니 어깨에서 힘이 빠졌다. 그리고 시청자들의 사랑에 보답할 수 있는 길이 정말 많다는 걸 알았다. 나누니 행복이 두 배가 되었다.

나는 얼마 전 김해에 있는 작은 도서관을 방문했다. 그동안 내가 진행한 프로그램으로 몇 권의 책을 추천하는 시간이었다. 그 도서관에 나이 드신 어르신이 한 분 계셨다. 곱고 예쁘게 나이가 드신 분이었다. 책 이야기가 끝나고 나니 자연스레 그 지역 학생들의 진로, 고민, 엄마들의 어려움들을 같이 나누는 시간이 마련되었다. 마치 사적인 대화처럼 말이다. 이런 대화들이 끝나갈 무렵 어르신이 내 곁으로 조용히 왔다. 그리고 두 손을 꼬옥 잡아주면서 이런 말을 하는 게 아닌가.

"난 그대가 다른 방송인들과는 왠지 다르다는 느낌을 받았어.

앞으로도 그렇게 열심히 방송해요."

갑자기 울컥했다. 나는 침착하게 눈물을 삼키며 어르신의 두 손을 맞잡았다.

"네, 그럴게요. 항상 지금처럼 곱게, 건강하시길 빕니다."

마음속으로는 여러 가지 약속을 하고 싶었다. 다시 이곳을 찾겠다고, 그때까지 열심히 책을 보시라고, 언제쯤 다시 오겠다고…. 하지만 나는 거기서 말을 멈췄다. 내 앞날을 내가 어떻게 알겠는가. 여기서 말로 수만 가지 언약을 한들 그것이 무슨 의미가 있겠는가. 단지 스스로 다짐을 한다. '언제 어디든 내가 도움이 되는 곳이라면 찾겠습니다.'라고. 이것이 20여 년 내 방송을 사랑해준 시청자들에 대한 작은 감사의 마음이 될 것이다. 사람들이 내게 보여준 관심인 '인기'를 진정한 '사랑'으로 나누고픈 내 나름의 방식인 것이다.

경쟁은 없다,
각자의 자리가 있을 뿐

다른 직업에 비해 늘 보여지고, 그래서 비교되는 직업인 아나운서. 따라서 그 어느 분야 못지않게 '경쟁'이 심할 수 있는 분야다.

내가 입사를 했을 무렵, 한 선배가 "아나운서들의 프로그램 경쟁은 시앗싸움보다 더하다."라는 말을 해주었다. 시앗싸움이란 오래전 남편을 두고 벌이는 처첩들의 암투를 이야기하는 것 아닌가. 기분이 안 좋았다. 그렇게 서로를 질투하며 싸움을 해야 하는 직업이란 말인가. 그 선배만의 생각이기를 바랐다. 막상 방송에 투입되고 보니, 내가 할 수 있는 일은 한 번 한 번의 방송에 최선을 다하는 길뿐이었다. 아나운서들 사이의 비교가 중요한 것이 아니라 그날 방송을 얼마나 치열하게 준비하느냐 하는 자기 자신과의 싸움이었고, 방송을 같이 하는 사람들에게 냉정한 평가를 받는 것이었다.

'시앗싸움' 같은 치열한 경쟁이 어디서 이루어진단 말인가? 그렇다. 개편 작업이 진행되는 한 달 정도의 기간 동안에 서로가 맡게 될 프로그램을 비교하고, 더 크고 주목받는 프로그램을 하고 싶다는 의견을 개진하는 것을 말하는 것 아닌가. 그러나 사실은 더 긴 시간을 '성실'과 '노력'이라는 자기 자신과의 싸움을 해야 하는 것이었고, 20여 년간 방송을 하다 보니, 아무리 좋은 방송도 내게 맞지 않는다면 시청자에게 각인되지 않는 진행자가 될 수밖에 없다는 사실을 알게 되었다. 처음 맡을 때 아무리 초라해 보이는 프로그램이라도 내가 그 프로그램 분야에 진정한 애정과 관심이 있다면 그 프로그램을 더 활력 있게 만드는 데 분명 일조를 하게 된다. 프로그램이 좋아지는 것도 당연지사다. 그러나 아무리 중요한 프로그램일지라도 내게 맞지 않는다면 그 프로그램에서 결국 본인은 나올 수밖에 없다.

방송도 정말 우리네 인생살이와 비슷하다는 생각이 들 때가 있다. 우리네 인생을 살아가는 것처럼 방송 안에서도 빠르게 내게 맞는 자리를 찾는 것이 현명한 것이요, 그것을 위한 고민과 자기 연구가 더 필요한 것이다.

어느 기사에서 디자이너 김서룡의 어머니가 늘 아들에게 했던 말이 떠오른다.

"욕심 부리지 마라. 안달하지 마라. 때가 되면 다 된다."

그래서 아들은 늘 이렇게 자문한다고 한다.

"이게 욕심인가, 열정인가."

대부분의 경쟁은 진정한 열정이 아닌 불필요한 욕심에서 비롯된다는 생각이 든다. 왜냐하면 열정은 아무 일에나 불쑥불쑥 생겨나는 것이 아니기 때문이다. 우리에게는 각자의 자리가 있고, 그것을 지켜줄 최소한의 열정이라는 게 있는 법인데, 너무 많은 자리를 탐하고, 너무 불필요한 욕심을 내는 건 아닌지… 항상 내 스스로에게 물어봐야 한다.

차별화된 아이디어가
다른 세상을 열어준다

필자는 대학에서 신문방송학을 전공했다. 방송의 효과, 영향 등이 얼마나 큰지를 배웠다. 그때는 방송이 시청자를 마치 조종할 수 있을 것처럼 여겼다. 물론 필자가 방송을 공부하던 1980년대는 방송의 효과 이론을 강조하던 시기라 그렇게 배웠다. 그래서 대학원 시절에는 시청자가 방송에서 얼마나 중요한지를 배우는 수용자 이론을 선택해 봤다. 방송을 지켜보는 시청자의 입장이 되어 보고 싶어서였다. 방송이 다르게 보였다.

필자는 어린 시절부터 텔레비전을 보면서 자라난 세대라 그런지 텔레비전이라는 매체가 그렇게 거대하게도, 그렇게 초라하게도 보이지 않는다. 그냥 일상의 한 부분을 차지하고 있는 느낌이다. 이렇게 방송을 봐온 사람들이 얼마나 많은가. 그러니 시청자들을 속일 수 있거나 조종할 수는 없다는 게 필자의 지론이다. 수천 년 세월 동안 우리 유전자에 각인된 보디랭귀지에 대한 뛰어난 해석력은 우리로 하여금 진실, 진정성을 구분할 수 있게 한다고 생각한다. 그래서 방송 초기부터 시청자에게 '나의 말'을 해보려 했고, '내가 한 말에 책임이 따른다고 생각했다'. 그러다 보니 방송이 차차 조심스러워졌다. 방송을 보는 사람들은 생각보다 '진짜'와 '가짜'를 구분하고 있으나 단지 침묵하며 지켜볼 뿐인 것이다. 반응을 하지 않는다고 해서 모른다고 무시해서는 안 되는 것이다.

이런 상황에서 우리 방송인들에게 가장 중요한 것은 바로 '진정성'이란 생각이 든다. 진정성이야말로 말의 힘을 가져다주기 때문이다. '방송에서의 나'를 지켜보는 사람은 실로 많다. 제작진을 비롯하여 패널들, 객석, 나아가 현장에서 만나는 시청자, 늘 방송을 지켜보는 시청자, 우연히 방송을 보게 된 시청자에 이르기까지. 많은 사람들이 나를 보고 있다. 특히 방송 현장에서 만나는 사람들은 방송에 내보내지지 않는 나의 모든 모습을 주시하고 있다. 방송할 때 받은 대본을 지켜보고 있으며, 내가 하는 말이 이것과 어떻게 차이가 나는지, 내가 무엇을 진실하게 이야기하는지 다 보고 있는 셈이다. 이뿐인가. 마치 무대 위의 연극이 끝난 것처럼 방송을 끝내고 쌩하고 사라지지는 않는지도 다 지켜보는 것이다.

그래서 필자는 방송에서 사람들이 마음의 문을 여는 것이 어느 순간부터 두려워졌다. 상대의 마음을 연다는 것은 바로 사람 사이의 관계의 시작인 것이다. 그런데 그냥 방송이 끝남과 동시에 진행자가 사라져버린다면 출연자들에게는 얼마나 황당한 일이겠는

가. 그래서 방송이 끝나고 출연자들과 밥이라도 한술, 차라도 한
잔해야 마음이 편해진다. 그래야 출연자들이 내게 열었던 마음을
잘 추스르고 돌아갈 수 있기 때문이다.

진정한 소통은 이 같은 태도의 문제만은 아니다. 전문 프로그램
의 경우는 패널들과 소통할 만한 수준이 되어야 한다. 늘 자료를
읽고, 인터넷으로 확인하고, 책을 보고 고민하는 긴장의 시간이
내게는 10년이 넘게 이어졌다. 때로는 힘들고 고단했지만 늘 내
자신이 부족하다는 걸 알았고, 그래서 소홀히 할 수가 없었다. 한
인간에 불구한 진행자가 '진정한 소통'을 이뤄낸다는 것이 얼마나
어려운 일인지를 체감하며 지금도 노력하고 있다.

내가 서 있는 자리를 잠시 벗어나 보는 것. 타인의 자리에서 내
가 서 있는 자리를 바라보는 것. 존 버거라는 작가의 책 제목처
럼 《다른 방식으로 보는 것》이다. 상투적인 시선에서 벗어나 보는
것, 그것이 언제나 우리를 다르게 살아가게 한다. 방송인들은 가
끔 이런 타인의 시선으로 자신을 들여다봐야 한다. 자신만의 생각
에서 벗어난 새로운 생각과 시각을 가질 때 비로소 새로운 세상을
열게 된다.

수많은 시행착오가 없었다면

후배들이 언젠가 나를 '인간 승리'라고 표현하는 말을 들은 적이 있다. 무슨 말일까 곰곰 생각해 봤다. 방송 초기, 방송을 잘해 눈에 띄거나 간판 프로그램을 하며 인지도를 높이지 못한 상황에서 생각보다 긴 시간 꾸준히 방송 생명을 이어가는 것이 놀랍게 느껴져서 이런 말을 한 게 아닐까. 내 스스로는 아마추어 방송 경력 하나 없이 방송에 입문해 무無에서 지금의 모습을 만든 게 다행스럽다는 생각이 든다. 그러나 신인 시절 방송의 기회가 많지 않아 그 젊은 에너지를 발산할 곳을 찾아 헤매던 순간이 있었기에 그런 후배들을 이해하게 되었고, 남달리 일찍 결혼을 하고 아이를 낳아 키웠기에 철부지 정용실이 성숙해져 방송에서 사람들을 제대로 만나게 된 듯하다.

이뿐인가. 재능이 남달라 방송을 처음부터 특별하게 잘했다면 지금처럼 방송을 위해 그만한 노력을 견지하기는 힘들었을 것이다. 20년이 지나 생각해 보니, 그 당시에는 안 보이던 게 보인다. 나의 부족함이자 단점, 그로 인한 수많은 실수들이 지금의 나를 만들어주었다는 감사한 사실이 말이다. 지금도 나는 내 방송을 보는 게 불편하다. 어딘가 숨고 싶은 심정이다. 왜 이리 고치고 고쳐도 문제점들은 완전히 사라지지 않는가. 그러나 이제는 이런 나의 불만조차도 사랑한다. 이 영원한 불만족이 앞으로도 노력하는 나를 만들 것을 알기 때문이다.

'Stay Hungry' 정신이 필요하다

나는 십수 년간 아나운서 아카데미에서의 지도와 멘토링을 해오면서, 그리고 그 경험을 토대로 이 책을 정리하면서 많은 사람들의 고민과 문제를 풀어줄 수 있었던 이유가 바로 내가 가진 셀수 없이 많은 문제들 덕분이라고 생각한다. 아나운서가 된 그 순간부터 부족한 게 너무도 많아 입 모양 하나를 만들기 위해, 뉴스에서 박자를 익히기 위해, 명료한 발음을 위한 받침 발음의 미세한 발음 문제를 고치기 위해, 텔레비전 화면에서 표정 하나, 손짓 하나를 가능한 한 자연스럽게 하기 위해서 얼마나 많은 노력을 했는지 모른다. '모방에서 창조로' 간다는 생각에 선배의 방송을 열심히 모니터하고 나만의 방식을 찾으려고 고민했다. 이런 고민 과 방황의 시간이 길었던 탓인지 다른 사람들이 고민을 가져오면 거의 내 자신이 가진 풀이 방식에서 시작해 길 안내를 해줄 수 있 었다.

그런데 어느 날 내가 이들에게 너무 쉽게 고기를 잡아주고 있다 는 생각이 들었다. 고기를 잡아주니 다음에도 또 잡아달라고 하 고, 또 잡는 방법을 알려달라고 하는 게 아닌가. 그제야 뭔가가 잘 못되어 가고 있다는 생각이 들었다. 그들 스스로가 고기를 잡도록 방향을 잘 안내했어야 했다. 뭔가를 알려줄 때는 그만큼 그 사람 의 입장에서 시간을 기다려주는 '인내심'이 가장 중요한 덕목임을 기억해야 한다. 그 후로는 큰 방향이 서로 잡히면, 스스로 익히는 시간, 즉 독학의 시간을 가지게 해 스스로 방법을 찾고 영글게 하 도록 기다렸다.

또한 같이하는 시간을 통해 어떻게 하면 더 나은, 책임 있는 사 람, 서로 돕는 사람이 될까 고민했다. 그래서 '시간 엄수'와 스스 로 하는 '과제에 대한 책임감'을 부여했고, 참석을 못 할 때는 어 떻게 문제를 처리해야 하는지도 구체적으로 방법을 알려주었다.

그리고 멘토링을 하는 친구들과 흔쾌히 '정보 공유'를 하고, 무엇보다 서로 상부상조하는 '협력 관계'가 되도록 했다. 시간이 지나자 학생들 스스로 '독립심'과 '협동심'을 키워나가는 모습이 보였다. 학생들이 점차 책임감 있는 성인으로 변화되는 모습을 보면서 정말 감사한 마음이 들었다. 아이를 키우는 엄마인 탓인지 어느 날부터 이들이 내게는 또 하나의 아이들인 듯하다.

　학생들을 옆에서 지켜본 지 수년. 나는 고생했지만 너희는 고생하지 않고 가기를 바라는 마음이 있었다. 그러나 이런 생각이 도리어 학생들을 망칠 수 있다고 생각했다. 부족하다고 느끼는 것, 그래서 허기진 감정. 이것이야말로 뭔가를 이루어내는 데는 가장 필요한 것이다. 부족함을 채우려는 것, 허기진 속을 충만하게 하려는 것. 이것이 바로 인간을 움직이는 힘이기 때문이다. 필자 또한 남들보다 아나운서 자질이 부족하다고 느꼈기 때문에 이런 노력을 꾸준히 해온 게 아닐까. 늘 갈급했고, 그것을 채우는 일은 끝이 보이지 않았다. 지금도 마찬가지다.

　입양아로서, 가난과 죽음의 문턱에서 삶에 대한 허기가 있었기에 스티브 잡스도 대학을 졸업하는 젊은이들에게 "Stay Hungry! Stay Foolish!"라는 이야기를 한 게 아닐까?

　부족함을 감사하자. 모자람을 감사하자. 불완전함을 감사하자.

허기짐이 욕망을 낳고, 욕망이 창조를 낳는다. 굶주려보지 않는 청춘은 결코 창조의 대열에 낄 수 없다.

－홍영철, 《너는 가슴을 따라 살고 있는가》 中

시련만이
사람을 성숙시킨다

입사 초 방송은 내게 사랑의 대상이자 미움의 대상이기도 했다. 아마도 너무 이른 결혼과 육아를 경험해야 했기 때문인 듯싶다. 방송에 대한 열정이 나를 휘감고 돌던 20대 시절, 나는 결혼과 육아로 1년이 넘는 방송 공백기를 가졌다. 그 시기 내가 여성으로 태어난 것에 대한 근본적인 질문에서부터 결혼과 육아 제도 등 여성 문제까지 정말 다양한 문제에 대해 고민하고 아파했다. 게다가 1990년대 초 방송은 결혼하고 아이를 낳은 여성에 대해 그리 우호적이지 않았다.

당시 나는 방송의 기회가 다시는 오지 않으리라 생각했다. 그래서 공부라는 도피처를 찾아 숨어들려고도 해보았다. 실제로 6개월 정도를 공부와 일을 병행했다. 그러나 방송으로부터 벗어나보니, 내가 방송에 가진 열정이 얼마나 큰 것이었는지가 냉정하게 보였고, 나를 가슴 뛰게 하는 일을 두고는 어디를 가서도 행복할 수 없으리라는 생각이 들었다. 그래서 마음이 끌리는 대로 공부를 접었다. 그러고 나니 방송의 기회가 다시 주어졌다. 당시로서는 그것이 마지막일 것이라고 생각해, 그 기회를 있는 힘껏 붙잡았고 최선을 다했다. 앞으로도 기회가 그리 많을 것이라고는 생각하지 않았다. 지금도 그때 그 순간이 생생하다. 방송을 시작하며 꽃을 피워보고 싶었던 시기에 다가온 시련. 20대의 나이에 좌절하지 않고 견뎌내기에는 힘든 시간들이었다.

내 나이 30대 후반, 한창 방송의 물이 오르던 시절이었다. 시청률까지도 잘 나와 걱정이 없었다. 〈무엇이든 물어보세요〉라는 대중적이고 인기 있던 교양 프로그램을 6년 가까이 진행하던 어느 날, 특별한 이유 없이 오래된 진행자 교체라는 명분으로 프로그램을 하차하게 되었다. 6년 가까운 세월, 매일 아침 나는 늘 같은 장소에서, 제작진들과 자주 출연하는 출연자들과 가족처럼 일상적인 하루하루를 보내고 있었다. 특별한 노력 없이도 모든 일들이 물처럼 흘러가던 때였다. 감사하는 마음과 최소한의 성실성도 유지하고 있었다. 요리나 테이블 세팅에도 관심을 가지기 시작해 재미를 들여가던 중이었다. 그런데 갑작스레 프로그램 하차 통보를 받은 것이다. 처음에는 믿기지가 않았다. 그러고는 무엇이 잘못된 것인가 싶었다. 너무 놀라고, 이해가 안 돼서 덤덤하게 집으로 돌아왔다. 앞으로 2~3일 정도 남은 방송만 잘 끝내면 됐다.

그날 저녁 나는 동네 뒷산으로 나갔다. 바람이 꽤 불고 있었다. 나는 무작정 걸었다. 걸으면서 생각하고 또 생각했다. 무엇이 어디서부터 어떻게 잘못된 것인가 하고. 그러나 아무리 생각해도 잘못된 것은 없었다. 그럼 이 사실을 어떻게 받아들여야 하는가를 생각했다. 기분이 좋지는 않았다. 그냥 잊고 싶었다. 그런데 30대 후반이라는 나이가 걸렸다. 텔레비전 방송을 하는 여성 아나운서 중에서는 나이가 가장 많은 축이었다. 이제 정말 다시 방송을 못하게 될지 모른다는 생각이 들었다. 갑자기 자신감이 없어졌다.

수만 가지 생각에 사로잡혀 뒹굴고 있는데 남편이 귀가를 했다. 술 한잔을 사달라고 지친 남편을 끌고 나갔다. 술잔을 앞에 놓고 말이 없는 나를 보고 남편은 왜 그러느냐고 물었다. 말이 나오지 않았다. 그냥 눈물이 흘렀다. 아무것도 이루어놓은 것이 없다는 생각이 들었다. 내가 하는 방송은 누구나 할 수 있는 방송이었고, 방송을 마치고 나니 내게 남은 것은 빈손뿐이라는 생각이 들었다. 어떤 방송을 얼마나 오래 하더라도 결국 내 방송이라는 것은 없고, 그것이 끝나고 나면 나란 존재는 무엇인가 하는 생각이 들었다.

다른 일을 시작해 볼까 싶은 마음이 들었다. '그렇다면 무엇을?' 하는 의문이 들었다. 답답했다. 길이 없는 것 같은 기분이었다. 며칠 내내 나는 말이 없었다. 해답을 찾아야 하는데 아무것도 떠오르는 게 없었다. 그런 상태로 한 달여를 보냈다.

당신이 얼마만큼 올라갈 수 있는지는 문제가 아닙니다. 왜냐하면 사람들은 살다 보면 언젠가는 넘어질 때가 있으니까요. 나는 당신이 넘어졌을 때 이것은 실패가 아니라는 것을 꼭 기억하기 바랍니다. 그러니 좌절은 해도 실패는 없는 겁니다. 내가 실패라고 생각하는 것들은 사실 우리를 또 다른 방향으로 이끄는 것이니까요. 당신이 구덩이에 빠졌을 때 실패한 것처럼 보일지도 모릅니다. 그럴 때 그냥 당신이 좌절하고 있는 것에 대하여 슬퍼할 시간을 가져도 괜찮습니다. 그러나 그다음이 중요한 것입니다. 실수를 통해 배우는 것. 실수를 통해 당신이 진짜 누구인지 알아가게 되니까요. 그다음에 내가 무엇을 어떻게 할지 곰곰이 생각해 보세요.
— 오프라 윈프리

20여 년의 방송을 해보고 나서야 오프라 윈프리의 말이 와 닿는다. 아마 앞서 말한 고민의 순간에 처해 있을 때는 이런 말을 백 마디를 들어도 이해하지 못했을 것이다. 일단 아프고 힘드니 슬퍼할 시간도 필요했던 것 같고, 시련의 시간은 끝나지 않을 것 같은 착각에도 빠져 있었다. 그러나 긴 시간의 터널을 지나고 보니, '이

또한 지나가리라'라는 표현처럼 지나가지 않는 시간은 없다는 명백한 삶의 진리를 터득하게 된다. 또한 그 같은 시련의 순간을 통해 나를 단련시키거나 고민하게 하는 목적이 분명 있다는 사실을 깨닫게 되었다.

방송 초기 내게 다가온 시간들은 방송을 한다는 것이 얼마나 소중한 것인지, 그리고 아나운서로서 어떤 방송인이 되려고 하는 것인지를 스스로에게 묻는 시간들이었다. 자칫 방송을 쉽게 생각하거나 대충 해서는 안 된다는 사실도 내게 깨닫게 해준 시간이었다. 여성으로서의 삶에 대한 고민도 방송 내내 내게 하나의 화두로 자리 잡게 되었다. 꽃처럼, 그림처럼 옆에 서 있는 여성 진행자가 아닌 새로운 여성의 모습을 방송을 통해 보여줘야 한다는 꿈을 가지게 되었다. 시련이라는 계단을 밟고 나는 분명 한 단계 성장했다.

그래서 나도 모르게 자신감을 가졌는지도 모르겠다. 다시 방송에 물이 오른 순간에 찾아온 시련. 방송 자체를 그만해야 하나 하는 깊은 고민에 빠지게 했던 시간이자 아나운서로서, 한 인간으로서 얼마나 내용이 없고, 부족함이 많은지를 스스로 대면하게 만든 시간이었다.

그때 고민 끝에 대학원으로 공부를 하러 갔다. 다시 공부하며 바라보게 되는 내 자신. 정말로 내가 좋아하는 것은 무엇인가. 음악이냐, 문학이냐, 인간이냐, 방송 그 자체냐…. 수많은 질문을 내스스로에게 했고, 그 답을 찾아내는 과정 속에서 오프라 윈프리의 말처럼 진짜 내가 누구인지를 알아가게 되었고, 앞으로 무엇을 어떻게 해야 할지 깊은 고민에 빠지기도 했다.

그러나 이런 시간들을 다 보내고 나니, 겨울에 자란 나무의 나이테처럼 더욱 내 자신이 단단해졌다는 생각이 들었다. 방송을 떠나 이 세상 어느 것도 영원히 내 것이라는 게 없다는 명명백백한 사실을 깨달았고, 그냥 여성 방송인으로서 존재하는 것이 중요한 게 아니라 더 구체적으로 내가 남보다 더 관심을 가지고 사랑하는 분야가 무엇인지, 그것을 위해 방송을 떠나서도 내 인생을 바쳐봐야 하는 것 아닌가 하는 생각에까지 이르게 되었다.

시련은 나무가 여름에 웃자라는 것을 다져주는 겨울의 나이테처럼 우리네 삶을 꼭꼭 다져준다. 그래서 아프고 힘들다. 하지만 시간이 지나고 보니, 작은 시련들을 통해서 우리네는 삶을 살아가는 지혜를 하나씩 얻어가는 것 같다. 백 마디의 말보다 한 번의 뼈저린 경험이 우리를 바꾼다. 우리가 인생을 살아가면서 가장 필요로 하는 것은, 체험이 아니라면 그 어디서도 얻을 수 없는 인생의 지혜다. 오프라 윈프리는 방송과 그녀의 인생을 통해서 내가 50에 가까운 나이에야 조금 이해하게 된 인생의 비밀을 멋들어지게 적고 있다.

방송이란 일을 통해 결국 우리는 무엇을 얻기를 원하는가. 기타오 요시타카의 《일 : 나는 지금 무엇을 위해 일하는가》라는 책에 그에 대한 단서들이 나와 있다.

이 책을 쓴 기타오 요시타카는 노무라 증권, 소프트뱅크를 거쳐 SBI 홀딩스를 창업한 경영인. 상도덕을 지키지 않고서라도 이기려는 재계의 거친 파도 속에서 인품이 뛰어난 인물로 평가받는 사람이다. 그의 집안은 유학자 집안이었다. 그 덕에 그는 어린 시절 고전을 읽으며 자랐다. 그래서일까. 그는 삶의 근본을 배우는 데 고전 읽기, 독서의 필요성을 체감하는 사람이었다. 누구나 자신의 천명에 따라 사회에 공헌해야 할 역할이 있다고 믿는 사람이기도 했다. 그렇다면 기타오 요시타카가 말하는 '일'이란 무엇일까.

일은 인간성을 심화시키고 인격을 고양시켜 준다. 일은 인간을 연마하는 것, 영혼을 연마하는 것이다.

방송도 정용실이라는 한 인간을 연마하는 과정에 함께하는 것이다. 방송을 통해 더 나은 사람, 더 나은 영혼을 가진 인간으로 거듭나야 한다는 말이다. 그래서 일이란 그 안에 많은 해결해야할 문제들과 숙제들, 나를 똑바로 바라보게 하는 순간들이 담긴 것이라고 생각한다. '방송'을 기타오 요시타카의 말대로 받아들이니 그동안 내가 겪은 것들의 의미를 더 이해할 수 있게 되었다. 직업을 하나의 돈벌이 수단으로만 받아들이기 쉬운 작금의 현실 속에서 기타오 요시타카의 말은 보석처럼 빛난다.

내가 좋아하는 방송인

　방송인을 꿈꾸는 사람이라면 누구나 자신이 닮고 싶은 방송인을 마음에 품게 마련이다. 20여 년 전 방송을 처음 꿈꾸던 무렵, 아니 훨씬 오래전 중학교 무렵에 닮고 싶은 방송인을 가슴속에 품고 있었다. 아나운서가 되고 나서는 선배들의 방송을 보고 배우느라 구체적인 한 명의 방송인을 가슴에 품고 있지 않았다. 그 후로는 나만의 방송을 구현해 보고자 했기에 더더구나 모델을 찾지 않으려 애썼다.

　그렇다면 20여 년이 지난 지금은 어떤가? 이제는 내 방송 생활을 옆에서 지켜줄 것 같은 동반자, 가까운 선배 같은 방송인들이 내 마음으로 들어온다.

방송에서 삶의 문제들을 가져오다

독일 공영방송 ZDF의
여성 저널리스트,
페트라 게르스터

〈주부, 세상을 말하자〉라는 여성 시사토크 프로그램을 진행할 때 필자는 대학원을 다니고 있었다. 당시 독일에서 학위를 하고 오신 여교수님께서 필자를 볼 때마다 〈모나리자〉라는 프로그램의 진행자가 떠오른다고 하셨다. 〈모나리자〉라는 프로그램은 여성 시사 프로그램이라고 했다. 내가 진행하던 프로그램과 유사한 느낌이라고 하면서 앞으로도 그런 진행자가 되길 바란다는 말씀까지 덧붙여주셨다. 그렇게 말씀을 하시니 궁금하지 않을 수가 없었다.

그래서 일전에 아나운서 선배가 쓴 《독일 방송의 아나운서와 진행자들》이란 책을 뒤졌다. 그 안에 바로 그녀도 있었다. 페트라 게르스터Petra Gerster. 독일 제2공영방송인 ZDF의 진행자다. 현재는 60을 바라보는 나이겠지만, 지성미로 독일인들의 사랑을 받아온 저널리스트다. 그녀는 학교에서 독일과 슬라브 문학을 공부했고, 한 신문사의 인턴기자로 언론 인생을 시작했다. 후에 〈모나리자〉라는 여성 저널 프로그램의 제작과 진행을 직접 맡았는데 시청자들의 반응이 뜨거웠단다. '첫 경험'이라는 주제부터 '낙태 문제', '상품으로서의 여성', '감옥 속의 여성들', '빈곤은 여성의 몫' 등 민감한 주제를 새롭게, 그러나 심층적으로 다루어 화제가 되었다. 동물 프로그램을 맡으면서는 프로그램 진행자에 머물지 않고 동물 학대와 포획에 반대하는 운동을 펼치기도 했다. 그녀는 방송 안에 머물지 않고 열정적으로 그 문제의 해결책을 모색하는 열혈 여성이었다.

그 후 게르스터의 관심은 교육 문제로 옮겨왔다. 언론인이자 출판사 대표인 남편과 함께 《교육의 위기, 우리는 어떻게 우리 아이들의 미래를 구할 수 있을 것인가》라는 책을 펴내기도 했다. 이 책에서 학교 문제가 근본적인 것에 있음을 지적하며, 그동안 꼼꼼히 관찰한 결과를 토대로 민감한 사안들을 과감히 다루었다는 평가를 받았다. 2년 뒤 이 책을 더욱 보강해 《교육의 위기로부터의 탈출》이라는 대안을 모색하는 후속편을 써냈다. 그 안에서 그녀는 지식 교육보다 인성과 도덕성의 확립이 학교 교육의 중심에 있어야 한다는 주장을 펼쳤다. 얼마나 날카롭고 정확한 분석인가. 어느 나라 교육이나 답은 비슷하다는 생각이 든다.

그녀는 이렇듯 방송을 하며 생긴 문제들을 삶으로 끌고 나와 고민하고 해결해 보려는 진지한 자세를 보여주고 있다. 이것은 쉬운 일이 아니다. 방송을 방송에 그치지 않게 하고, 진행자를 단순한 진행자에 그치지 않게 하는 그녀의 힘. 그것은 방송에서 이미지를 만들려고 하기보다 방송에서의 모습을 진짜로 살아내려는 '진실함'에 있는 것이 아닐까.

방송인은 어쩌면 방송 그 자체를 하는 것으로도 시청자들에게 해야 할 일을 다 한 셈이다. 그러나 게르스터는 거기에 멈추지 않았다. 말한 대로 직접 살아내려고 한 것이다. 이것이 언론인에게 반드시 필요한 일일까? 대부분이 그렇지 않은 길을 가고 있는 현실 속에서 말이다. 하지만 그녀의 삶과 일을 대하는 태도가 왠지 끌린다. 자신이 바라보는 문제에 온전히 자신을 던지는 방식. 대부분의 방송인들은 이렇게 외면이미지과 내면실제의 나을 하나로 만들지 못한다. 그녀는 외면과 내면이 일치해 많은 사람들이 느끼는 '내면과 외면의 불일치'로 인한 불안은 겪지 않았을 것이다.

내면과 외면을 일치시키지 않는다면, 어느 날 우리는 커다란 외면, 작은 내면과 대면하게 될 것이다. 이 사실을 누군가가 알까 봐 불안할 것이며, 아무도 모른다고 해도 자신은 분명이 알고 있기에 어쩔 수 없이 느껴지는 자괴감, 불행감은 떨쳐버릴 수가 없다.

게르스터는 우리 방송인들의 행복에 대해 중요한 함의를 던져주고 있다. 방송인에게 '진실함'이란 겉과 속을 똑같이 가져감으로써 오는 '행복'의 다른 말이라는 것을. 다시 한 번 게르스터의 초인적인 '내면과 외면의 일치'를 향한 노력에 존경을 표하고 싶다. 그리고 놓치고 싶지 않은 중요한 일과 삶에 대한 자세라는 생각이 든다. 정말 그녀에게는 배울 점이 많다.

일요일 아침의 행복을 전하다

미국 공영방송 NPR 재즈 프로그램의
할아버지 아나운서,
개리 워커

남편을 따라 미국에서 보낸 2년 동안 필자가 가장 좋아했던 방송은 바로 공영 라디오 채널인 NPR이었다. 발음이 명료한 진행자로 구성된 채널이자 문화예술 장르의 프로그램이 정말 다양한 채널이기도 해서였다. NPR은 재즈와 문학 관련 프로그램과 내용이 풍부하다. 영어 공부를 하기 위해 늘 NPR을 들으면서 다녔다.

그러던 어느 날, 아마도 일요일 아침이었던 것 같다. 그날은 차에서 라디오를 듣고 있는데 편안한 재즈와 함께 구수한 중저음의 나이 든 진행자의 목소리가 흘러나왔다. 그의 목소리는 마치 재즈 연주장에 있는 콘트라베이스에서 나오는 소리 같았다. 음악과 진행자의 목소리는 정말 잘 어울렸다. 게다가 빠르지 않은 속도로, 장황하지 않은 설명으로 음악에 쉽게 젖어들게 했다. 음악과 말

사이의 여백까지도 하나의 음악 같았다. 그의 여유 있고 차분한 진행이 맘에 들었고, 배우고 싶었다. 일요일 아직 잠이 덜 깬 사람의 느긋함으로, 일요일 아직 가게들이 문을 열지 않은 비어 있는 거리처럼, 일요일 아침이라는 시간을 살아내는 사람들의 감정이 듬뿍 묻어나는 진행이 듣기 좋았다.

'나는 언제 이런 진행을 해볼 수 있을까?'

나이가 들어 내 삶을 고스란히 드러내며 조용히 스튜디오에 앉아 음악을 들으며 저렇게 아름다운 진행을 할 수 있을까 하는 생각이 들었다.

22년 동안 이 프로그램을 진행해 온 개리 워커Gary Walker. 음악에 대해 많이 알면서도 그 전문성이 넘치지 않고, 거기에 도리어 삶의 연륜이라는 양념을 얹어 감성적으로 풍부하게 만들어온 진행자다. 나이가 들어간다는 것은 무엇일까? 그동안 내가 모아서 소유했던 것들을 하나씩 비워가는 것이 아닐까. 내가 가장 소중하게 생각하는 몇 가지를 남긴 채 하나씩 내려놓는 것, 빈 시간을 채우는 것이 아니라 꽉 찬 소리 속에서 침묵을 만들어보는 것, 적절한 여백을 가져보는 것이 아닐까? 진짜 속을 다 아는 친구 앞에서는 수선을 떨며 말을 할 필요가 없듯이. 말을 적게 해도, 아니 침묵 속에서도 서로의 감정이 흐르는 것. 그의 말과 말 사이 침묵 속에서 묘한 친밀감이 느껴진다. 알 수 없는 편안함이 배어나온다. 그의 여유와 미소, 그리고 그 밑에 깔려 있는 인간적인 따스함을 배우고 싶다. 삶을 이해하고 관조하며, 사람을 진정 사랑하는 방송인이 되고 싶다.

Step 25

또 다른 꿈

지금 당신의 인생을, 우리 이웃의 인생을, 국가의 모습을 더 낫게
만들 기회를 가지고 있습니다. 당신이 변화를 시도할 때, 그때가 바로
당신의 인생이 진실로 나아지는 때가 되는 것입니다.(You know have
a chance to better your life, the life of your neighbors and that of our
country, when you do that, that's your story gets really good.)

– 오프라 윈프리, 하버드 대학교 졸업식 연설 中

처음으로 내가 멘토링에 발을 들여놓은 것은 여성가족부의 권
유 때문이었다. 바쁘더라도 조금만 시간을 내어 아이들에게 좋은
말을 한두 마디 해주면 좋겠다는 권유에 그동안 내 자신만 돌아보
고 살아온 시간에 대한 반성 차원에서 시작하게 되었다. 그렇게

만나게 된 두 명의 여학생. 그들의 열정과 성실이 그 당시의 나를 변화시킨 것 같다.

처음 학생들을 만나던 순간이 지금도 생생하다. 수줍어하면서도 그 눈빛이 얼마나 순수하고 생기 있어 보였는지…. 그들을 어쩌다 한 번 보고 말 수가 없었다. 그래서 한 달에 한 번 만나기로 날을 잡았다. 처음에는 내가 단지 학생들에게 필요한 것을 주는 것이라고 생각했다. 그래도 어렵게 시간을 내서 멀리서 오는 학생들에게 아무 이야기나 하고 보낼 수는 없어 내가 가진 방송 노하우를 올 때마다 하나씩 줘야겠다는 생각했다. 그러면서 내가 가진 방송 노하우들을 하나씩 정리하기 시작했다. 방송 십수 년이 지나도록 한 번도 정리해 보겠다는 엄두를 내지 못한 일이기도 했다.

한 달 한 달이 지날 때마다 나도 모르게 방송에서 얻은 경험들을 새록새록 떠올리며, 방송 초기 내가 가진 그 순수한 열정이 서서히 살아나는 것 같았다. 나는 학생들에게 내 방송의 경험들과 진행의 노하우를 하나씩 꺼내놓고 그들에게서 젊음이 가진 순수함과 방송에 대한 그 뜨거운 열정을 한 움큼씩 받아 돌아왔다. 학생들을 만나러 가는 발걸음이 점점 가벼워졌다. 이런 시간이 내게 주어진 의미를 알아챘다. 방송 15년이 넘어서면서 차츰 사그라지는 방송에 대한 '순수한 마음'을 다시금 북돋아주려고 그들을 내게 보냈다는 생각이 들었다.

그들과의 만남은 그들 못지않게 내 삶에도 큰 변화를 일으켰다. 그들의 고민을 열심히 듣다 보면, 집에서 힘들어하는 아들의 마음도 한 뼘씩 더 이해할 수 있었고, 지금의 세대들이 가진 환경적 어려움과 아픔도 이해할 수 있었다. 동시에 앞선 세대로서 미안한 마음도 들었다.

처음에는 1년이면 멘토링이 끝날 것이라고 생각했다. 막상 1년이 지났을 때 아쉬운 사람은 도리어 나였고, 내가 그들을 더 붙잡았다. 취직이 될 때까지라는 명분을 달면서. 그리고 다른 학생들을 더 받았다. 자식 욕심 많은 엄마처럼.

이렇게 멘토링을 한 지 6년여.

그동안 만났던 친구들이 사회 곳곳에서 자신의 삶을 단단히 살아가는 것을 보면 정말 흐뭇하다. 이제는 도리어 내가 가진 고민을 그들과 친구처럼 나누기도 한다. 나는 참으로 행복한 사람이다. 세대를 건너 수많은 친구들을 가졌으니 말이다. 오늘도 학생들에게 메시지가 온다. 나를 격려하는, 나와 차 한잔을 하자는…. 사람 사이에 따스함을 느낀다. 멘토링으로 시작했지만, 이제 이것은 진정한 인간관계로 옮겨간다. 서로가 더욱 성숙한 인간으로 만나길 기대한다.

다섯 번째 만남 ▸▸▸

그들의 변화

멘티,
그들의 이야기

Plan B, 또 다른 도전

이하나 (現 미국 거주)

2006년 겨울 여성가족부 위민넷 멘토링 시상식 사회를 보면서 나도 멘토를 찾아 수상자의 자리에 앉아 있었으면 좋겠다는 생각을 했다. 다음 해 7월 정용실 아나운서의 멘티가 되어 나의 바람은 이루어졌다.

한 달에 한 번. 멘토링 모임이 있는 날은 설레었다. 멘토링 모임 장소가 정용실 아나운서가 일하고 있는 KBS였기에 그곳을 가는 것 자체가 꿈의 원동력이 되었다. 우리의 모임은 단순히 차 한잔 마시면서 웃고 떠드는 만남이 아니었다. 아나운서 아카데미에서는 절대 배울 수 없는 것들을 배우는 시간이었다. 우선 멘티들은 매달 목표와 중요한 일, 꼭 해야 할 일을 포함하여 1년 계획표를 작성했다. 온라인으로 계획이 얼마나 잘 지켜지고 있는지 어려운 점은 무엇인지 궁금한 점 등에 대해 글을 올리면, 정용실 아나운서가 바쁜 시간을 쪼개어 우리의 글을 읽어주고 일일이 조언을 해주었다. 정용실 아나운서는 각종 시험TOEIC, 한국어 능력시험 등 준비도 중요하지만 취미 생활을 꼭 하라고 권했다. 취미 생활을 통해 방송을 더욱 이해할 수 있는 시간을 가져보라는 것이다. 악기 연주가 취미라면 음악과 방송에 대한 생각을 정리하면서 더욱 방송에 가깝게 다가갈 수 있다는 것이다. 오프라인 모임에서는 정용실 아나운서 앞에서 그동안 연습한 뉴스 혹은 내레이션 원고를 낭독해야 했다. 멘토링 모임이 설레지만은 않은 이유다. 현직 아나운서 앞에서 원고를 낭독해야 한다는 생각에 너무 긴장이 되었다.
"마음을 편하게 가져야 목소리가 찌그러지지 않아요. 마인드 컨트롤이 우

308

선이에요."

"어미를 너무 질질 끌지 말고, 더 말하듯이…. '참혹한'은 참혹한 장면을 보듯이…."

정용실 아나운서의 가르침은 오프라인뿐 아니라 온라인으로도 이어졌다. 녹음 파일을 카페에 올리면 하나하나 댓글을 달아주고 전화 통화를 통해 부족한 점을 보안할 수 있도록 도와주었다. 그리하여 마침내 내가 가지고 있던 틀을 깨고 더욱 자신감을 가질 수 있었다.

정용실 아나운서와의 만남은 아나운서의 꿈을 이루기 위한 것만은 아니었다. 정용실 아나운서의 경험에서 나오는 지혜를 배웠고, 내 인생의 꿈을 찾는 데에도 영향을 받았다.

정용실 아나운서는 꼭 아나운서만 고집하지 말고 'Plan B'를 생각하라고 늘 강조했다. 방송국 공채 시험에 번번이 떨어지긴 했지만 크고 작은 행사에서 MC도 보고, 구청 사내 방송 아나운서로도 활동하다가 결혼을 하게 되었다. 그리고 정용실 아나운서가 강조한 'Plan B'를 시행했고, 마침내 은행 공채에 합격했다. 아나운서 시험 이외에 다른 직종 공채에 도전해 보기는 처음이었다. 정용실 아나운서와 함께한 시간들이 면접에서 좋은 결과를 낳은 것이다.

합격 소식을 전했을 때 정용실 아나운서는 자신의 일처럼 기뻐해주었다. 그러나 합격의 기쁨도 잠시, 남편의 미국 본사 발령으로 회사를 그만두어야 했고 내 마음속에 또다시 혼란이 찾아왔다.

우연의 일치인지 모르겠지만 내가 결혼하기 전 정용실 아나운서는 2년 동안 미국에서 생활했다. 그리하여 미국에 있는 정용실 아나운서와 다시 메일을 주고받고 또 가끔씩 통화도 하면서 미국 소식을 전해 들었다. 정용실 아나운서는 미국에서 겪은 일들을 이야기해 주며 내가 미국에 정착하는 데 많은 도움을 주었다. 학교에서 영어도 배우고, 음식으로 미국인들과 친해지고, 봉사 활동도 하면서 외로울 것 같은 미국 생활이 연일 즐겁기만 하다.

곧 서른을 앞두고 20대를 돌아보니 6년 전 정용실 아나운서를 만난 것은 내 인생의 가장 큰 행운인 듯하다. 그동안 많은 변화 속에서 정용실 아나운서의 도움이 있었기 때문이다. 정용실 아나운서의 끊임없이 노력하는 모습에서 배우고 스스로 반성할 때가 많다. 비록 아나운서가 되는 꿈을 이루지 못했지만, 정용실 아나운서처럼 자신의 분야에서 최고로, 가정에서는 훌륭한 아내로, 또 자식에게는 따뜻한 엄마가 되는 것. 그리고 지금까지 정용실 아나운서에게 많은 것을 배운 만큼 나 또한 누군가의 멘토가 되는 것이 나의 꿈이다. 인생은 늘 도전이기 때문에 재미가 있는 것이라는 정용실 아나운서의 말을 늘 간직하면서 머나먼 땅 미국에서 나의 꿈을 이루기 위해 노력할 것이다.

우리는 순간에 주어진 가능성의 '문'을 열면서
인생을 살아간다

김명선(현대 중공업 입사)

신방과 선후배 멘토링 프로그램으로 인연을 맺은 지 7개월이 지났습니다.
처음에 아나운서를 꿈꿨던 저는 현재 대기업의 홍보 업무를 지망하며 취
업을 준비하고 있습니다. 물론 가끔 아나운서로서 시청자와 함께 호흡하
고 있는 자신을 그려봅니다만 아나운서는 제게 주어졌던 다양한 길 중 하
나일 뿐 더 이상 절대적인 가치는 아니기 때문에 꺾여버린 꿈에 대한 아쉬
움은 없습니다.

20대 초반, 4년이라는 긴 시간을 입시에 몸 바쳤던 기억이 있습니다. 그
시간에는 오로지 서울대, 연대로 대표되는 우리나라 최고 대학만이 유일
한 성공이라는 편협한 시각에 사로잡혀 제가 갈 수 있는 다양한 길을 보지
못했습니다. 오히려 절대적인 가치를 실현하지 못했다는 패배의식으로 제
가 가진 장점마저도 부정하는 자기혐오의 시간이었습니다. 인생에서 가장
열정 가득하고 활력 넘치는 시간에 더 다양한 경험을 쌓지 못했다는 점은
아직도 아쉬움으로 남아 있습니다.

멘토링에서 얻은 최고의 교훈은 '인생을 살며 항상 최선의 결과를 만들며
살 수는 없다. 그러나 그것은 실패가 아니다. 넓은 시각으로 우리 주위에
있는 새로운 가능성의 '문'을 열면서 우리의 삶을 개척할 수 있다.'는 것입
니다. 제가 'Gate論'이라고 명명한 선배님의 말씀은 스펙, 취업, 성공이라
는 좁은 시야를 가지고 경쟁에 목매는 20대에게 필요한 가치라고 생각합
니다. 대기업의 신입사원이 된 친구들은 자신의 삶을 열심히 살아온 성실

한 친구들입니다. 하지만 그러한 삶이 유일하게 성공한 삶은 아닙니다. 아나운서가 되지 못한 삶도 마찬가지입니다. 아직 우리는 젊고 할 수 있는 일들, 다양한 가능성이 있습니다. 오히려 원하는 것을 이루지 못했다는 패배감에 사로잡혀 새로운 가능성을 외면하는 태도가 진짜 패배자의 모습입니다.

세상에는 누구나 열고 싶은 문, 누구나 열 수 있는 문, 닫혀 있는 문, 눈에 안 보이는 문 등 다양한 'Gate'가 있습니다. 그 문이 무엇인지는 몰라도 분명 우리 삶에는 다양한 '문'이 있습니다. 이 시대에 자신의 꿈에 대해 고민하는 친구들도 이 사실을 알고 스스로를 사랑하며 최선의 문을 열고 성장하는 청춘이 되도록 합시다! 우린 할 수 있습니다!

왕도가 없는 게임 vs 정도는 있다

윤은정 (現 대학생, 아나운서 준비)

모 방송국 아나운서 시험 최종 면접에서 떨어졌다는 통보를 받고 집에 가는 길. 한 달 내내 준비한 시험인지라 상심도 크고, 속도 상했다. 최종까지 올라간 탓에 기대도 많이 했건만…. 불합격이란 결과는 또 한 번 나를 좌절케 했다.

막막한 상황 속에서 누군가에게 속상함을 토로하고 싶었던 걸까. 용기를 내서 무작정 '페이스북 친구'였던 KBS 정용실 아나운서에게 메시지를 보냈다. 어떤 점이 부족했는지, 앞으로 어떻게 해야 할지 고민이라는 내용이었다. 그런데 이게 웬일? '텔레비전 속 우상'이었던 그분, 정용실 아나운서가 흔쾌히 답장을 보내준 것이다.

"목욜 3시 30분에서 4시 30분 사이 KBS 오시면 잠깐 봐드릴게요. 파스쿠찌에서 커피 한잔 사세요!"

정용실 아나운서에게 멘토링을 받게 된 인연은 그렇게 시작됐다. 방송과 집필 작업으로 한창 바쁜 와중이었지만, 일면식도 없는 학생의 고민에 귀를 기울여주었다. 만나기 전 나의 장단점을 분석하기 위해 그동안 내가 쓴 자소서, 논술, 녹음 파일을 꼼꼼히 체크해 온 그녀의 '마음'에 감사할 수밖에 없었다. 정용실 아나운서가 이번 책을 내게 된 동기를 감히 생각해 보건대, 아나운서를 준비하는 후배들을 진심으로 이끌어주고픈 마음의 발로가 아니었을까 싶다.

멘토링을 받던 날, 만난 지 5분 만에 내 평소 어투와 표정, 행동의 문제까지 바로 집어내는 그녀의 '날카로움'은 또 한 번의 놀라움을 자아냈다. 목소리의 문제, 뉴스 리딩의 보완점, 이미지에 대한 조언까지. 과연 23년 차 아나운서의 내공은 놀라웠다. 여기에 단점 극복을 위한 연습 노하우를 전수받으니, 며칠 전까지 막막하기만 했던 마음이 점차 자신감으로 바뀌어 갔다.

정용실 아나운서의 멘토링은 나를 한 단계 성장하게 해준 기점이 되었다. 아직은 부족함 투성이의 '언시생'이지만, 힘들었던 시기에 그녀를 만나 많은 것을 배우고 격려를 받은 경험이, 그동안의 문제를 극복하고 나를 진보하게 했음은 분명하다.

정용실 아나운서는 따뜻하지만 냉철하다. 힘들어하는 후배에게 선뜻 도움의 손을 내미는 따뜻한 성품이 책의 동기라면, 장단점을 정확히 집어내 그에 맞는 조언을 제시하는 냉철한 시각이 책의 내용을 이루고 있다. 수많은 아나운서 지망생들이 모두 정용실 아나운서의 멘토링을 받을 순 없겠지만, 23년간 아나운서로 활약하며 쌓은 노하우가 오롯이 담긴 책을 읽어본다면, 내가 멘토링에서 느꼈던 '성장의 경험'을 모두 공유할 것이라 생각한다. 흔히 아나운서 시험을 '왕도王道가 없는 게임'이라고 한다. 경쟁률은 천문학적이고, 당락의 불확실성은 높다. 그렇기 때문에 정용실 아나운서는 책을 통해 '정도正道'를 제시하고자 했다. 23년간 아나운서로 살아온 그녀의 삶과 경험이 담긴 책에서, 많은 이들이 '정도正道'를 찾았으면 한다.

세상사를 가슴으로 느껴라

조수빈 (現 KBS 아나운서)

10년 가까운 세월을 아나운서로서 미친 듯 달려왔다. 운도 좋았다. 4년 차에 시청률 높은 〈9시 뉴스〉의 앵커가 됐으니까. 정용실 선배에게 멘토링을 받는다는 학생들처럼, '나도 텔레비전에 나올 수 있을까?' 하고 꿈꾸던 때가 엊그제 같은데, 세월이 참 쏜살같다.

10년 전 함께 아나운서 공부를 했던 친구들을 떠올려본다. 부자에게도 가난한 자에게도 공평하게 주어진다는 시간. 우리에게는 똑같이 10년이란 세월이 주어졌다. 누군가는 지금 나처럼 아나운서가 됐고, 누군가는 그렇지 못했다. 하지만 아나운서 '합격'이 곧 성공, '낙방'이 실패였을까?

정용실 아나운서는 꿈의 2지망, 3지망도 만들어놓으라고 조언한다. 어쩌면 1지망의 꿈 아나운서은 이룰 수 없을지 몰라도, 꾸준히 노력하고 있으면 어떤 분야에선가는 빛을 발할 것이라는 말이다. 나와 함께 공부했던 친구들의 현재를 보면, 백번 옳은 말이다. 우리 중에 아나운서가 됐지만 실력이나 품성, 혹은 운이 계속 따라주지 않아 사라져간 사람이 있는가 하면, 몇 번씩 낙방하다 다른 회사에 취직해 아나운서보다도 더 멋지게 활약하는 이도 있다.

나는 청춘들이 '아나운서가 되기 위해서' 이 책을 읽는 게 아니었으면 좋겠다. 아나운서가 되느냐 마느냐가 중요한 것이 아니다. 어떤 분야에서든 성공하고 자신의 능력을 발휘하려면 노력해야 한다. 노력도 단순한 노력이 아니다. 밤낮으로 꿈을 꾸고 자신을 연마하는 피나는 노력이 필요하다.

그런데 다행인 사실은, 그 노력의 방법이 크게 다르지 않다는 것이다. 지금 아나운서가 되기 위해 이 책을 편 학생들이 정용실 아나운서의 멘토링 대로만 쭉 노력하다 보면, 혹시 아나운서가 되지 못하더라도 훌륭한 사회인, 더 좋은 인간이 될 것이라고 믿는다. 나아가서는 노력한 만큼 '행복'을 누리는 방법도 배울 수 있을 것이다.

나 역시 아나운서가 되기 위해, 또 앵커가 되기 위해 피나는 노력을 했다. 발음 연습과 방송 모니터, 신문 읽기, 이미지 연구를 게을리하지 않았다. 노력에 있어서만큼은 적어도 후회는 없다. 그러나 아나운서로서 지난 10년의 세월을 돌이켜본다면 아쉬움도 있다. '9시 뉴스 앵커'라는 목표에 빨리 도달하기 위해 너무 조급하지는 않았나, 행복을 누리지 못한 것은 아닌가 하는 아쉬움이다.

요즘은 아나운서가 예전처럼 '지성의 상징'이기만 한 것은 아닌 듯하다. 인터넷에 '아나운서'를 검색해 보면 노출을 했거나 누구랑 결혼했다거나 어디서 애를 낳았다거나 하는 신변잡기적인 뉴스들이 즐비하다. 빨리 이름을 알려야 할 것 같은 욕심에 미스코리아 같은 화장이나 머리, 의상에 신경 쓰는 후배들도 더 많아졌다. 나도 한때는 조급했다. 당장은 그렇게 눈에 띄는 아나운서에게 프로그램 섭외가 많이 들어오는 것도 현실이다. 아나운서라면 누구나 '빨리 가고 싶은 마음'과 '잘 가고 싶은 마음' 사이에서 방황하지 않을까. 학원 이곳저곳을 전전하고 옷을 몇 벌씩 맞춰가면서 '쾌속 합격'에만 몰두하는 아나운서 지망생들이 적지 않은 것처럼 말이다.

나는 지금 육아 휴직 중이다. 10년 만에 사회와 동떨어져서 있다 보니 오히려 방송이, 인생이 명확하게 보이기 시작했다. 예전에는 결혼한 선배들과 대화할 공통 주제도 별로 없었는데 〈9시 뉴스〉에서 내려오면서 정용실 선배와 인생에 대해서, 행복에 대해서도 대화를 많이 했다. 한창 활동할 때는 앞으로 가기도 벅차 짚어보지 못했던 문제들을 새삼 멘토링받는 기분이다.

입사 2년 차였나, 포부만 거창하던 시절 나는 정용실 선배에게 '어떻게 하면 뉴스를 잘할 수 있을까요?' 하고 질문했던 적이 있다. 기억은 희미해졌지만 선배의 대답은 대충 이랬던 것 같다.

"뉴스에 나온 글자만 보지 마. 세상에 좀 관심을 가져. 사람들이 어떻게 살고 있는지 가슴으로 느끼란 말이야."

음성은 어떻게 해야 좋게 들릴지, 어디서 끊어 읽고 올려 읽어야 하는지, 뭐 나는 이런 기술적인 조언을 바랐던 것 같다. 맛집의 비법처럼 뭔가 마법 같은 방법을 전수받을 줄 알았는데 이 얼마나 교과서적이고 추상적인 대답인가! 게다가 나는 속으로 '내가 얼마나 신문을 열심히 읽고 뉴스에 얼마나 열정이 있는데'라며 구시렁댔던 것 같다.

그런데 시간이 지날수록 선배의 조언이 점점 더 피부로 와 닿는다. '잘해서'라기보다는 '젊어서' 기회가 많이 오는 게 우리나라의 아쉬운 방송 현실이다. 나 역시 27세라는 새파란 나이에 큰 뉴스를 맡게 됐다. 획을 긋는 멋진 앵커가 되겠다는 욕심도 있었다. 그래서 처음 메인 앵커가 됐을 때는 어떻게 하면 경쟁사 앵커보다 더 눈에 띄고 잘하는 것처럼 보일지에 매달렸던 게 사실이다.

정용실 아나운서가 사석에서 미처 방송에 자리 잡기 전에 결혼과 출산을 겪으며 고군분투한 과거를 얘기해 준 적이 있다. 사람의 인생, 특히 여자의 인생은 나이가 들면서 특히 결혼을 하면서 많은 것들이 바뀐다. 좋게 말해 바뀐다는 것이지. '뒤엉킨다'. 순식간에 역할이 늘어나고 '나'를 희생해야 하는 시험의 연속이다.

나는 한창 바쁘던 〈9시 뉴스〉 앵커 2년 차에 결혼을 했다. '그냥 좋아서' 결혼했는데 가정과 일을 병행하는 것은 너무도 어려운 일이었다. 이 역할을 챙기면 저 역할에 구멍이 나기 일쑤였다. 그 과정에서 정신 바짝 차리고 균형을 잘 잡아야 한다는 것을 요즘에서야 좀 알 것 같다.

그런데 재미있는 것이, 결혼이라는 경험이 하나 추가되면서 뉴스가 입에 착착 감기기 시작했다. 해야 하는 역할이 늘고 관심 가져야 할 분야가 많아져서 그런 것일까? 처녀 시절에는 장바구니 물가나 명절 스트레스 같은 주제를 다뤄도 뭔 소리인지 모르고 읊었던 것 같다. 단순히 가정 문제가 아니라 고통받는 사람들의 이야기를 전할 때도 더 마음이 아려왔다. 요즘에는 자식이 생기니 방송으로 아이들 관련 뉴스를 보면 정말 가슴으로 느낌이 팍팍 온다. 눈물도 많아졌다. 방송국으로 다시 돌아가게 된다면 공감 능력도 확장돼 있을 것 같다.

'세상사를 가슴으로 느끼라'던 정용실 선배의 조언은 이런 뜻도 있었을까? 나는 전형적인 '온실 속 화초'처럼 세상을 살아왔다. 물론 신문사 인턴이나 자원봉사 등을 찾아서 여러 경험을 하려고 노력했다. 그러나 그 흔한 낙방 한 번 내 인생에 없었으니 노력만으로는 안 되는 것도 있다는 좌절감은 별로 겪어보지 못했다. 때로는 나를 위해 희생하는 남편에게 감사해야 하고, 때로는 내가 가족을 위해 희생해야 하니 일이 더디게 진행된다. 처녀 시절에야 내 몸 하나만 챙기며 커리어를 쌓으면 됐으니, 지금처럼 내 일과 가정 사이에서 줄타기하는 심정도 느껴본 적이 없다. 그래서 처녀 시절에 했던 방송을 떠올려보면 나보다 더 어려운 사람들의 입장을 잘 헤아

리지 못했던 것 같아 새삼 부끄러워진다.

'어떻게 하면 쉽게 아나운서가 될까?'라는 기대감을 갖고 이 책을 폈다면, 해야 되는 것도 많고 하라는 것도 많고 한 우물만 파지도 말라고 하고, 너무 복잡하고 어려운 것 같아서 벌써 실망한 청춘이 있을지도 모르겠다. 정용실 아나운서는 이 책에서 아나운서 학원처럼 족집게식 과외도 해주지 않는다. '실패하지 않으려' 책을 샀는데 '실패도 두려워하지 말라' 하니 더 책을 덮고 싶을지 모른다.

언젠가 고민으로 전전긍긍할 때 선배가 내게 이런 조언을 해준 적이 있다.

"너는 마법을 바라는 것 같아. 인생은 드라마가 아니야. 한 번에 뒤바뀔 수 없어."

"진심을 다해서 부딪히고 깨져봐. 무언가를 사랑한다면 모든 것을 다 줘도 아깝지 않은 것 아니니?"

"인생은 누가 대신 살아주는 것이 아니야. 네 스스로 그 방법을 찾아가야 돼. 시간이 걸릴지라도."

지금 이 책을 읽는 청춘들에게 나 역시 10년 차 선배로서 같은 말을 해주고 싶다. 꿈을 이루는 데 마법 같은 방법은 없다고. 꿈을 사랑한다면 모든 것을 내걸고 매달려보라고. 이왕이면 사교육에 의존하며 인생을 저당 잡히기보다는 멋지게 스스로 그 방법을 찾아보라고.

시간은 좀 더 걸릴지 모르지만 꿈도 이룰 수 있고, 더 행복한 사람이 될 수 있다고 나는 확신한다. 나도 그 평범한 진리를 매일 확인하며 살고 있으니 말이다.

뜨겁게 살아라, 진심으로!

"1지망, 2지망, 3지망을 모두 아나운서로 적은 건 무슨 뜻이죠?"

"아나운서 외에는 꿈이 없다는 얘기입니다."

"그래요…. 아무리 작은 방송사의 아나운서든 상관은 없다는 말인가요?"

"네…."

"다시 한 번 자신을 들여다봐요. 아나운서 외에는 그 어떤 일도 하고 싶은 게 없다는 말인가요?"

"잘 모르겠어요. 떠오르지를 않아요."

"정말 마음이 아나운서만을 원해요?"

"그런 거 같아요…."

학생과 나는 오늘이 참으로 힘든 날이다. 꿈에 대한 이야기를 정리하는 날이다. '꿈'과 마주한다는 것은 '나'를 똑바로 응시해야 하는 일이다. 내 자신을 똑바로 진지하게 바라보는 것, 이것은 일단 그리 유쾌한 일이 아니다. 내 자신의 좋은 면만을 바라보는 것이 아니기 때문이다. 어쩌면 보고 싶지 않거나 그냥 모른 척 한쪽 눈을 질끈 감고 싶어진다. 사실 우리는 살아가면서 자신에 대해서만이 아니라, 모든 일을 '정면으로' 바라보고 살기가 쉽지 않다. 아프고 힘든 일이 보이면 일부러 다른 곳을 보거나, 멍하니 먼 곳을 응시하고 있을 때가 많다. 아니면 일부러 남의 일인 양 관망해 버린다. 그래야 힘들지 않으니까.

그러나 '꿈을 찾는 작업'은 바로 내 안의 '열정'이 있는 곳을 뒤지는 일이며, 가슴 안에 숨겨진 '뜨거운 뭔가'가 있는지 샅샅이 찾아야 하는 일이다. 대충 타협할 수도 없는 노릇이다. 평생을 자신의 시간과 삶을 통째로 던져야 하는 일인데, 아무렇게나 비슷하다고 여겨지는 것으로 대충 결정할 수도 없다. 잘못하다가는 평생을 후회 속에서 살아갈지도 모른다. 그러니 이 순간만큼은 어디로도 도망가서는 안 된다.

나도 한때 이런 순간에 직면한 적이 있었다. 그것도 아나운서를 선택한 이후에 말이다. 아나운서를 선택한 나의 결정이 정말 맞는 것인지, 그리고 내가 왜 이렇게 방송을 하려고 하는지, 혹시 다른 일 중에 나의 가슴을 더 떨리게 만들거나 행복하게 만들 일은 없는지… 절실하게, 진지하게 답을 구했다. 그동안 말도 없어졌고, 가슴이 답답했다. 심지어 대학원이라는 도피처로 도망가보기도 했다. 그러나 내 가슴은 방송을 하는 순간에 내가 느낀 충일감, 몰입을 기억하게 했고, 결국 그 소리에 따랐다. 그래서 하던 공부를 접고 다시 방송국으로 돌아왔고, 열심히 아나운서 생활을 이어가고 있다. 방황의 시간만큼 더욱 내 꿈은 확실해졌다. 돌이켜보니, 그 방황과 번민의 시간이 내게 가져다준 게 많았다.

문제와 고민이 다가올 때 도망가지 않고 정면으로 대응해 문제를 풀어야 한다는 사실과, 내가 가야 할 길은 내 마음이 가장 잘 알고 있다는 사실, 그 소리를 들을 수 있는 사람은 오직 나 자신뿐이라는 명백한 사실을 깨닫게 되었다.

오늘도 학생들을 보내면서 더 많은 고민과 갈등의 보따리를 얹어주었다. 마음이 편치는 않다. 그러나 이미 이 과정을 혹독히 겪어본 사람이기에 그들이 할 수 있으리라 믿어본다. 두려울지 몰라도 자신의 열정과 대면하리라는 것을, 결국은 자신의 마음의 소리에 귀 기울이게 되리라는 것을, 그리고 이 힘든 과정을 자신이 직접 이겨내리라는 것을.

그렇다면 내가 그들 옆에서 해줄 수 있는 것은 무엇일까 생각해 본다. 그들이 해낼 수 있으리라 믿어주는 것, 힘들고 두려워 다시 내게 돌아오면 그들을 안아주고 일으켜 다시 답을 찾도록 돌려보내는 것. 그 무엇보다도 열정을 외면하며 살아오면서 차가워진 그들의 가슴 안에 정말 뜨거운 무언가가 있다는 사실을 느끼게 해주는 것이 아닐까. 무라카미 하루키의 표현에 따르자면, 마음의 동토를 녹이기 위해서는 다른 누군가의 온기가 필요하다. 그 자신의 체온만으론 충분하지 않기 때문이라고. 그렇다. 내가 할 수 있는 일은 이것이다. 그들 마음의 동토를 녹이기 위한 따스한 온기를 제공하는 것, 그들이 힘들어할 때 격려해 주고, 지지해 주며, 마음 속으로 잘할 것이라고 믿어주는 것. 다른 말로 하자면, 그들을 사랑하는 것이 아닐까.

지금을 살아가는 우리 모두에게는 사랑이 절실하게 필요하다. 더 심한 경쟁과 각박한 현실을 버텨나가기 위해서는 말이다. 돌이켜보니, 내가 대학원으로 방황하던 그 시절, 아이 엄마이자 직장인이었던 나에게 힘들더라도 잘 견디라고 격려했던 따스한 말 한 마디, 눈길 한 번을 주었던 학생들이 없었다면 지금의 나는 여기에 존재하지 않았을 것이다. 우리는 누군가의 마음의 동토를 녹이는 작은 온기가 되어줄 필요가 있다.

당신의 내면을 직면하고
진정한 꿈을 찾아라

혼자 공부해서
아나운서 되기

초판 1쇄 발행 2014년 1월 22일
초판 4쇄 발행 2021년 5월 7일

지은이 | 정용실
펴낸이 | 한순 이희섭
펴낸곳 | (주)도서출판 나무생각
편집 | 양미애 백모란
디자인 | 박민선
마케팅 | 이재석
출판등록 | 1999년 8월 19일 제1999-000112호
주소 | 서울특별시 마포구 월드컵로 70-4(서교동) 1F
전화 | 02)334-3339, 3308, 3361
팩스 | 02)334-3318
이메일 | tree3339@hanmail.net
홈페이지 | www.namubook.co.kr
블로그 | blog.naver.com/tree3339

ISBN 978-89-5937-349-9 03320